Si l'amour est un jeu,
en voici les règles

Chérie CARTER-SCOTT

Si l'amour est un jeu, en voici les règles

Dix règles pour rencontrer l'amour et nouer une relation authentique et durable

Traduit de l'anglais (États-Unis) par
Emmanuelle Farhi et Florence Mantran

DU MÊME AUTEUR
CHEZ LE MÊME ÉDITEUR

Si la vie est un jeu, en voici les règles

Titre original :
IF LOVE IS A GAME, THESE ARE THE RULES

© Chérie Carter-Scott, 1999

© Éditions Michel Lafon, 2002, pour la traduction française.
7-13, boulevard Paul-Émile-Victor – 92521 Neuilly-sur-Seine Cedex.

Je dédie ce livre à mon oncle, Louis Untermeyer, qui me lisait ses poèmes dans mon enfance et qui fut le premier à réunir amour et littérature.

Je dédie également cet ouvrage à Michael, mon âme sœur, mon époux et mon bien-aimé, qui a choisi de se montrer authentique avec moi et de m'accompagner dans l'aventure de la vie. Sans l'expérience de notre amour, je n'aurais jamais écrit ces pages.

Préface

Ce livre traduit tout à fait mes sentiments et les buts que je me suis fixés dans mon travail comme dans l'existence. Je nourris le désir profond que les couples se comprennent et parviennent à se témoigner un amour authentique. Et j'ai consacré à ces idées nombre de mes ateliers, séminaires et écrits.

À une époque où le rôle des sexes se transforme et où le taux de divorce atteint des sommets inquiétants, les hommes et femmes ont plus que jamais besoin d'aide pour trouver l'amour et l'entretenir à long terme. Nous nous sentons démunis et ne disposons, comme source d'enseignements, que des exemples de relations au sein de notre entourage, dont la plupart constituent, force est de le constater, de piètres modèles. Nous commettons des erreurs et reprenons tout de zéro en nous demandant sans cesse : mais que me faut-il donc pour forger une union véritablement épanouissante et enrichissante ?

Nous avons beau tenter de construire un lien viable, personne ne nous a fourni de manuel nous indiquant la manière exacte de procéder. Nous connaissons bien les ingrédients nécessaires : respect mutuel, communication, négociation, acceptation des différences, sans oublier le romantisme et l'intimité. Mais au final, il s'agit des pièces d'un puzzle que nous ne savons pas assembler au quotidien.

Chérie Carter-Scott nous livre non seulement les principes fondamentaux qui guideront notre quête, mais aussi certaines instructions claires et concrètes. *Si l'amour est un jeu, en voici les règles* est un ouvrage savoureux qui nous procure une ligne de conduite et des conseils précieux pour préserver la fraîcheur et la vitalité de nos relations amoureuses. Pratique et facile à consulter, il nous offre un itinéraire riche en préceptes essentiels dont tout individu à la recherche de l'amour devrait s'inspirer.

Dr Harville Hendrix

Avant-propos

Le monde des sentiments et du couple peut sembler attrayant, attirant et enviable. Parfois aussi, il s'accompagne d'une sensation de flou, de confusion, voire d'inquiétude. Pourquoi l'amour paraît-il aussi facile pour certains et aussi compliqué pour d'autres ? Comment deux êtres compatibles parviennent-ils à se rencontrer ? Dans une société si exigeante, hyperactive et troublante, comment reconnaître un lien véritable ?

Si l'amour est un jeu, en voici les règles vous propose les dix principes universels qui président à la création d'une relation authentique. Il vous servira de guide au long de votre voyage à travers les méandres de l'amour. Utilisez-le comme un manuel de référence à mesure que vous abordez les différentes phases de ce parcours. Consultez-le chaque fois que vous vous poserez des questions, quand vous vous sentirez perdu, incertain, hésitant, lorsque vous aurez peur d'avoir opéré le mauvais choix.

Si les idées de ce livre trouvent une résonance en vous et si vous souhaitez poursuivre cette exploration de la sagesse universelle, n'hésitez pas à vous renseigner sur nos séminaires, ateliers et autres ouvrages.

Je vous souhaite de tirer un maximum d'enseignements des leçons qui vous sont présentées au fil de ces chapitres et de connaître à profusion l'amour authentique dans votre existence.

Avec tous mes vœux de bonheur,

Chérie Carter-Scott

Introduction

En 1998, j'ai publié *Si la vie est un jeu, en voici les règles*[1], qui proposait d'envisager l'existence comme un jeu en tirant les leçons de chaque expérience vécue au quotidien. Cet ouvrage se donnait pour mission d'aider et d'accompagner les lecteurs tout au long de leur chemin, de leurs découvertes, de leur progression et de leur développement personnel.

Comme la quête de l'autre constitue un élément naturel de l'évolution humaine, il me paraissait logique de consacrer mon livre suivant à l'amour. *Si l'amour est un jeu, en voici les règles* se fonde donc sur la même idée, à la différence que vous jouez avec un partenaire. Et lorsque l'on ajoute une personne au tableau, les perspectives d'apprentissage se multiplient de manière exponentielle. Il s'agit

---
1. Paru en 2001 aux éditions Michel Lafon.

désormais d'une équation dans laquelle un plus un égale trois : votre propre expérience, celle de votre compagnon et celle qui vous est commune. En vous engageant sur cette voie, vous vous dotez d'un ensemble supplémentaire d'enseignements potentiels, susceptibles d'apporter une nouvelle dimension à votre parcours.

L'intimité est un processus par le biais duquel deux êtres cherchent à s'épanouir individuellement au sein même de leur relation. Au cours des vingt-cinq dernières années, j'ai dirigé des ateliers et conseillé des couples en quête d'un amour authentique, basé sur l'honnêteté, le respect, la communication et la profondeur du lien amoureux. Je les ai aidés à identifier leurs objectifs, leurs attentes, leur conception des choses, leurs valeurs et leur envie de dépasser le stade de deux entités séparées de « je », pour délibérément créer un « nous ». J'ai vu comment naissaient, se concrétisaient et se soudaient les unions.

En tant que citoyenne habilitée à célébrer des mariages laïcs, j'ai également eu l'honneur de présider des dizaines de cérémonies au cours desquelles l'amour entre deux personnes est officiellement proclamé au monde. J'ai mesuré à quel point hommes et femmes désiraient partager leur vie avec quelqu'un. Je me suis aussi rendu compte des efforts, de la patience et du courage nécessaires au succès d'une relation. Toutes ces observations, combinées à mon propre vécu, m'ont amenée au constat suivant : si l'amour en soi est naturel et relativement aisé, le rapport à l'autre présente un défi.

L'amour authentique exige d'aller au-delà de la passion ou de l'alchimie, et parfois de transcender la vision de la famille, des amis et de la société. Il requiert de découvrir et de cultiver votre véritable moi et, à partir de ce noyau dur, d'attirer à vous celui ou celle qui vous accompagnera au fil de l'existence.

Mais que recouvre exactement la notion d'amour authentique ?

Cela signifie : accueillir votre partenaire comme il ou elle est ; dévouer votre énergie à créer ou préserver la magie de la relation au lieu d'être sans cesse à l'affût de ce qui pourrait la compromettre ; soutenir l'autre dans ses choix, l'encourager à satisfaire ses plus profonds désirs et croire en ses rêves.

Respecter la vérité de l'autre et lui souhaiter le meilleur ; ne pas adopter une attitude de contrôle ou de possession, mais respecter son chemin de vie en toute confiance ; avoir le courage d'exprimer les réalités mêmes les plus indicibles.

Connaître les limites de votre territoire et ne pas enfreindre les siennes ; tendre la main quand vous n'en avez pas envie, communiquer au lieu de vous égarer en hypothèses, poser des questions au lieu de tirer des conclusions ; trouver des solutions au lieu de se quereller, se disputer au lieu de partir ; affronter les malentendus, les offenses et les déceptions, en sachant qu'un réel engagement peut guérir toutes ces souffrances ; rester quand vous songez à abandonner et prouver votre détermination à résoudre les conflits avec l'élu de votre cœur.

Vous concentrer sur ce que vous appréciez et sur les motifs de gratitude ; voir les solutions plutôt que les problèmes ; accorder de l'attention à l'autre et lui dire quotidiennement combien vous tenez à lui ; chérir votre bien-aimé et ne jamais prendre sa présence pour acquise.

Ne pas juger afin de pouvoir, à votre tour, exprimer vos pensées en toute sécurité ; vivre chaque jour avec votre partenaire comme s'il s'agissait du dernier ; entretenir la volonté d'être vous-même et de coexister en harmonie.

À quoi ressemble une relation authentique ?
Elle se vit avec un sentiment d'évidence. Elle se nourrit d'honnêteté et scintille de vérité. Elle se plie et se courbe au gré des évolutions et besoins fluctuants de chacun et traverse les épreuves avec grâce. Elle se caractérise par un dévouement des deux partenaires à leur développement personnel respectif. Tel le diamant, qui symbolise les fiançailles, elle est à la fois solide et rayonnante. Elle constitue le cadre parfait pour qu'un amour vrai se réalise.

Naturellement, cette description correspond à l'union idéale. C'est le fait de tendre vers cette vision merveilleuse qui fait de l'existence une aventure passionnante. *Si l'amour est un jeu, en voici les règles* vous offre les outils nécessaires pour cet apprentissage. Contrairement aux autres ouvrages sur le sujet, celui-ci expose des principes qu'il n'est point besoin d'étudier ou d'apprendre. Ce sont plutôt des vérités universelles que vous connaissez déjà de façon innée, au plus profond de votre cœur. Simplement, on les oublie en un clin d'œil lorsque l'on succombe au charme de l'amour. Ce dernier se révèle en effet une force puissante, capable d'éclipser la raison. Et si cette ivresse constitue l'une des joies les plus douces de la vie, elle présente également une gageure : celle de garder en mémoire, même en pleine euphorie, tout ce qui créera une relation harmonieuse. J'espère vous aider à relever ce défi.

Je n'ai rien inventé. Ces règles existent depuis la nuit des temps. Ma mission se borne à vous les rappeler. En les redécouvrant, vous parviendrez plus aisément à entretenir un amour authentique et durable. Que vous soyez en quête de l'âme sœur ou que vous souhaitiez renforcer l'intimité et le lien d'un couple déjà établi, vous trouverez ici les réponses à vos questions.

Alors lancez-vous sans crainte dans cette aventure et bonne route sur la voie du bonheur !

Règle n° 1
S'aimer soi-même avant tout

> *Votre relation à vous-même constitue le fondement*
> *de vos rapports avec autrui.*
> *Vous aimer vous-même est la condition indispensable*
> *à la création d'une union authentique et heureuse.*

Tout ce qui compose votre expérience de vie – votre famille, vos amis, vos amours, votre travail… – s'articule autour d'un élément central : vous. Voilà pourquoi cet ouvrage s'ouvre sur un chapitre concernant non pas votre rapport aux autres, mais à vous-même.

Il convient tout d'abord d'opérer la distinction entre « vous » et votre « moi ». Ce dernier se définit comme le noyau dur de votre être, l'entité centrale et essentielle qui existe, abstraction faite de votre caractère, de votre ego, de vos opinions et de vos émotions. C'est ce lieu sacré au plus profond de vous qui abrite votre âme et votre esprit.

« Vous » agissez comme l'observateur, l'instructeur, le censeur, le critique qui inspecte vos pensées, paroles, sentiments et comportements et décide dans quelle proportion vous dévoilerez votre « moi » à l'extérieur.

La nature de la relation entre « vous » et votre « moi » revêt une importance cruciale, car elle détermine toutes vos interactions avec votre entourage. Elle conditionne la manière dont se forgeront vos liens affectifs : leur qualité, leur substance, leur saveur. Elle instaure un modèle de base quant à votre façon de donner et recevoir de l'amour. C'est sur elle que repose la réussite d'une union.

Si vous aspirez à l'authenticité avec un(e) autre, la première étape naturelle de votre chemin consiste donc à vous apprécier, vous honorer, vous choyer vous-même, et vous considérer comme une personne précieuse et estimable.

La pièce manquante

Au fil des ans, j'ai rencontré des milliers de gens qui s'inscrivaient à mes ateliers pour trouver les moyens de vivre une relation harmonieuse. Je commence presque toujours mes séances en leur demandant comment, dans l'idéal, ils imaginaient leur partenaire. Les critères varient, bien sûr, selon les participants, mais j'ai pu identifier certaines constantes : la plupart d'entre eux recherchent quelqu'un de gentil, d'attentionné et de tendre ; quelqu'un qui leur témoignera un respect inconditionnel, qui se montrera à l'écoute de leurs désirs, objectifs et rêves ; quelqu'un qui saura leur donner l'impression de compter vraiment ; quelqu'un qui se réjouira de leurs victoires ; quelqu'un auprès de qui ils pourront s'exprimer ouvertement et en toute honnêteté ; quelqu'un avec qui ils vivront une communion de cœur, de corps et d'âme.

En revanche, lorsque je demande à ces individus s'ils manifestent autant d'égards envers leur propre personne, ils baissent piteusement les yeux en répondant : très peu, voire aucun. Le plus souvent, ils se reprochent leurs défauts, négligent nombre de leurs besoins, prennent pour acquis leurs côtés positifs et leurs réalisations, ne consacrent pratiquement pas de temps ou d'énergie à se connecter avec leur moi profond.

Le lieu en vous-même qui génère l'amour de soi est aussi celui qui suscite celui que les autres vous portent. Si cette source demeure obscurcie ou viciée, vous ne possédez plus la capacité d'attirer à vous une relation claire et limpide. Pour la rendre pure et lumineuse, il vous faut d'abord apprendre à vous donner à vous-même ce que vous attendez d'autrui. Ainsi, vous rayonnerez de l'intérieur et ouvrirez votre cœur à la création d'un lien authentique et solide avec la personne qui vous convient.

Apprendre à s'aimer soi-même

L'amour de soi signifie croire en sa propre valeur. C'est-à-dire : se voir de manière positive, se respecter soi-même et nourrir la conviction profonde que l'on est un maillon précieux de l'univers. Il implique également d'œuvrer pour satisfaire et entretenir chacune des facettes de son être. L'amour de soi transparaît dans la moindre de nos actions, qu'il s'agisse de bien se couvrir pour ne pas prendre froid ou de quitter un emploi dans lequel on ne s'épanouit pas. Cela suppose de rester à l'écoute de nos désirs et besoins et d'y répondre, comme l'on s'attendrait à ce qu'un partenaire y réponde.

Hélas, souvent, l'éducation que l'on a reçue ne prédispose pas à entretenir notre estime de soi. La plupart d'entre nous devons travailler pour l'acquérir au fil du temps. Tout le monde se sent déficient dans un domaine ou un autre – physique, intellectuel, financier, relationnel, émotionnel ou spirituel. Cependant, reconnaître, accueillir et chérir sa propre personne est un droit naturel et cela peut s'apprendre.

L'amour requiert certaines compréhensions, compétences et dispositions. S'aimer soi-même en constitue la meilleure initiation, une sorte d'entraînement qui vous conduira à l'étape suivante : aimer autrui. C'est uniquement en maîtrisant l'art de satisfaire vos propres besoins que vous saurez témoigner la même attention autour de vous. Si vous accordez de la légitimité à vos pensées et à vos sentiments, vous pourrez faire de même avec ceux de votre entourage. Dès lors que vous aurez conscience de votre valeur, vous deviendrez apte à prodiguer une affection authentique à votre partenaire.

Par conséquent, si vous désirez gagner au jeu de l'amour, avant même de disposer les pièces sur l'échiquier, vous devez sonder au plus profond de votre cœur et de votre âme pour découvrir toutes les richesses intérieures de votre être.

Retrouver l'intégrité de votre être

L'amour peut apporter bien des choses : de la joie, des occasions de s'élever, un épanouissement prodigieux. Pourtant, il ne fera jamais de vous une personne complète. Vous seul pouvez y parvenir.

Beaucoup d'entre nous se sont laissé berner par le mythe de la fameuse « moitié ». Or, cette notion présuppose que nous sommes par essence incomplets et qu'il nous faut un partenaire pour devenir un être à part entière. Cela alimente ce que j'appelle le « syndrome de l'âme en manque », à savoir un sentiment profond d'insuffisance, entraînant une impression de vide, une insatisfaction chronique et une autoflagellation permanente. Face à ce trouble, nous recherchons l'individu susceptible de combler ces carences.

Or, paradoxalement, cette dynamique qui nous pousse à la quête de l'union idéale constitue précisément le facteur qui l'empêchera de s'épanouir. Autant l'amour authentique sera attiré par l'appel de l'*envie*, autant il fuira face à celui du *besoin*. La première implique intégrité et désir, le second, insuffisance et dépendance. *Avoir besoin* génère comme une force aspirante qui vous incite à vous accrocher et à consommer ; *avoir envie* vous procure l'ouverture nécessaire pour explorer et façonner la relation que vous souhaitez. Et c'est seulement en vous définissant comme une personne complète que vous trouverez un amour basé sur l'*envie* et non sur le *besoin*.

Victoria a grandi dans un milieu aisé, mais dénué d'affection. Son père, un magnat international, passait son temps en voyage d'affaires, tandis que sa mère était toujours occupée par ses activités caritatives ou mondaines. Enfant, Victoria rêvait de quelqu'un qui lui prêterait attention et lui prodiguerait la tendresse dont elle était tant privée. Durant de longues heures, dans sa chambre, elle s'inventait de belles histoires. Un musicien célèbre lui composerait des ballades lui jurant sa flamme éternelle, l'épouserait et la sauverait de sa solitude. Elle croyait qu'en rencontrant le prince charmant, elle n'éprouverait plus jamais ce vide intérieur et connaîtrait enfin le bonheur.

À l'âge adulte, elle multiplia les rencontres et les aventures, en vain. Elle ne trouva jamais ce partenaire idéal qui comblerait son manque profond d'amour. Ses prétendants la quittaient toujours pour le même motif : rien de ce qu'ils faisaient ne semblait lui suffire. Victoria était prise dans un cercle vicieux. Insatiable, elle consumait toute l'énergie et la vitalité d'un partenaire, jusqu'à ce que, épuisé, il déclare forfait. Alors, aussitôt, elle reportait ses ardeurs sur un autre et répétait le même schéma.

Si, comme elle, vous ressentez ce vide, vous devez d'abord apprendre à vous aimer vous-même. Tenter de résoudre le problème au travers d'un compagnon ou d'une compagne reviendrait à vouloir combler un puits sans fond. C'est comme si vous cherchiez à remplir un réservoir percé. Peu importe l'adoration, la sollicitude et le soutien qu'on vous témoignera, il y aura toujours une fuite et vous en voudrez sans cesse davantage. Car l'amour que vous recevrez d'autrui ne remplacera jamais celui que vous devez vous porter.

Établir le modèle selon lequel vous serez aimé

La dynamique et l'énergie de l'amour reposent sur un principe fondamental : la manière dont on vous traite et vous perçoit se calque exactement sur celle dont vous vous traitez et vous percevez vous-même.

À chaque instant, vous dictez à votre entourage la considération qu'il doit vous témoigner sans même prononcer une parole. Vous êtes censé prendre soin de vous au premier chef. Par conséquent, les autres se basent sur votre comportement pour déterminer leur attitude. Vous leur livrez des indices. Vous induisez leur manière de vous parler, leur conduite à votre égard, leur opinion sur vous, leurs attentes. C'est vous qui établissez, sciemment ou non, le mode relationnel que les gens adopteront à votre endroit.

L'induction d'attentes négatives

Ariella, une femme imposante et élégante approchant de la quarantaine, vint me consulter parce qu'elle se sentait, pour citer ses propos, « maudite » dans le domaine amoureux. J'émis l'hypothèse qu'elle provoquait peut-être à son insu ces situations d'échec. Mais elle me rembarra. D'après elle, seule la malchance était responsable de ses déboires. Je lui demandai donc de me raconter son histoire.

Ariella ne se lançait que très rarement dans des liaisons et, lorsque c'était le cas, il s'agissait de prétendants indisponibles ou inadéquats : des hommes mariés qui ne lui accordaient que des bribes de leur temps, certains beaucoup plus jeunes et trop immatures, adolescents attardés, grands bébés en mal de maternage, alcooliques ou drogués. À l'en croire, le destin s'acharnait contre elle. Elle conclut son triste récit en soupirant : « J'imagine que je resterai seule toute ma vie. »

J'entrepris alors de lui poser certaines questions fondamentales sur elle-même et certaines vérités émergèrent aussitôt. Ariella travaillait comme acheteuse pour une boutique de vêtements de luxe, un emploi qui l'ennuyait à mourir mais qu'elle ne quittait pas, convaincue de ne pouvoir trouver de meilleur poste. Elle me confia qu'elle avait longtemps désiré s'inscrire dans une école de stylisme, mais qu'elle n'avait jamais effectué les démarches nécessaires. Elle accumulait les obligations et ne s'accordait que peu de loisirs. Elle se gavait de boissons sans sucre, de plats préparés et de litres de café. Jamais elle n'avait pratiqué d'activité physique. Pour résumer, elle ne prenait pas soin d'elle.

Quelle ne fut pas sa surprise lorsqu'elle entendit mon point de vue. À l'évidence, la négligence, la rudesse et l'irrespect dont elle faisait preuve envers elle-même se répercutait sur la conduite de ses partenaires. Elle n'avait pas eu besoin de leur exprimer la piètre estime dans laquelle elle se tenait : cela transparaissait dans le moindre de ses gestes. Ils ne faisaient que se conformer à ses messages implicites.

Le cercle vicieux de la certitude

Comme Ariella semblait réceptive à cette idée, je poursuivis ma démonstration. Je lui expliquai que nos certitudes profondes ont deux effets : premièrement, elles dictent nos comportements ; deuxièmement, elles génèrent dans notre esprit une vision de la façon dont nous méritons d'être traités. Notre attitude projette ce modèle à l'extérieur de manière subtile mais très efficace. Les autres s'adaptent à ces attentes inconscientes. Ainsi, leur réaction valide et renforce notre certitude originelle.

Dans le cas d'Ariella, le schéma était le suivant : elle nourrissait une certitude inconsciente concernant sa propre personne (*je ne suis pas importante*). Cette certitude lui imposait sa conduite (*je n'ai pas besoin de me traiter avec respect*) et ses attentes (*on ne me traitera pas avec respect*).

À son tour, sa certitude servait d'exemple pour ses partenaires (*je ne me traite pas avec respect et vous devez donc agir de même à mon égard*) et traduisait ses attentes (*je ne mérite pas ou n'attends pas d'être traitée avec respect*). Au résultat, elle ne recevait ni prévenance ni estime. Ce qui entérinait et consolidait sa certitude initiale.

Les lois de l'attraction ne peuvent être contournées. Vous projetez vos certitudes sur vous-même et elles se manifestent dans vos relations. Dans le domaine professionnel, on a constaté qu'un recruteur était davantage séduit par un candidat qui lui ressemblait. Pareillement, sur le plan affectif, vous attirerez et serez attiré(e) par ceux qui vous traitent comme vous vous traitez vous-même.

Cette prise de conscience constitua la clé qui permit à Ariella de déverrouiller ce schéma de mépris et d'oubli de soi. Il fallait qu'elle commence par changer sa propre perception. Elle devait développer son amour et son respect d'elle-même avant d'espérer en recevoir autant des autres.

Je conviens qu'un tel concept peut vous paraître difficile à accepter, car il implique d'admettre votre responsabilité dans ce qui vous arrive. Fort heureusement, il renferme aussi la solution à vos problèmes, puisqu'il suffit de modifier vos croyances pour inverser le résultat.

Si vous vous considérez comme indigne d'amour ou comme une quantité négligeable, vous ne susciterez ni tendresse ni prévenance. Si vous vous privez de tout – de temps, d'argent, d'attention –, vous rencontrerez plus probablement des personnes dénuées de générosité. Si vous ne prenez pas soin de votre corps, vous ne pouvez attendre de votre partenaire qu'il apprécie votre physique. Si vous vous jugez trop sévèrement, vous ne ferez l'objet d'aucune indulgence de la part de celui ou celle qui partage votre vie.

En revanche, dès lors que votre rapport à vous-même se fonde sur la bienveillance, le respect et l'intégrité, vous donnez le la pour toutes vos relations humaines. Si vous vous pardonnez vos erreurs, si vous honorez vos besoins et vos désirs, si vous restez à l'écoute de votre être et de vos intuitions, l'autre se mettra au diapason et vous témoignera les mêmes égards.

Tout cela repose sur vos certitudes profondes qui se répercutent sur l'attitude de votre entourage.

L'acceptation de soi

L'un des enseignements les plus précieux que peut vous apporter une relation authentique et bienveillante avec vous-même est l'acceptation de soi.

Réalisation auto-induite d'une prophétie

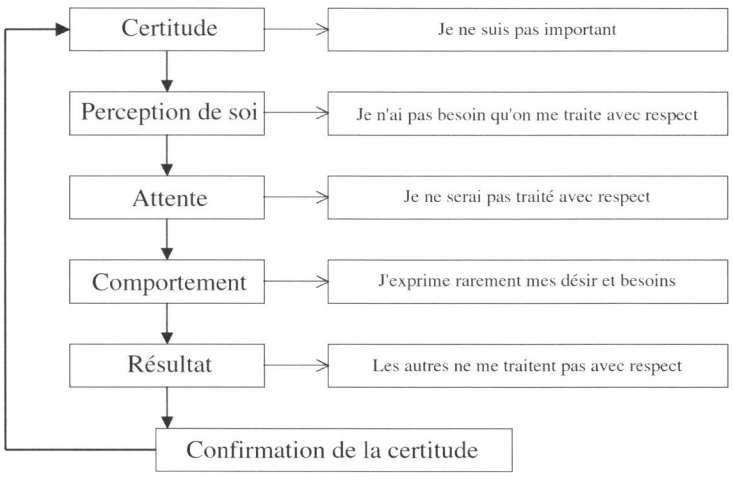

L'amour inconditionnel puise sa force dans la certitude que les actes, paroles et sentiments des deux partenaires seront accueillis au sein du couple sans jugement ni condamnation. Pour accéder à ce niveau de tolérance avec autrui, il faut d'abord y parvenir avec soi-même.

Si vous vous accordez le droit à l'imperfection et à l'erreur, vous serez plus indulgent envers une personne extérieure. Si vous tirez les leçons de vos expériences, vous créerez une dynamique qui permettra aux gens de s'épanouir autour de vous.

S'accepter d'abord soi-même

Ben se retrouvait confronté à un problème récurrent. Il n'avait aucun mal à rencontrer une femme et à nouer avec elle une relation prometteuse. Cependant, cela ne durait jamais. Au bout de quelques semaines, il recensait tous les défauts de sa compagne, disséquait chacun de ses faits et gestes, la couvrait mentalement de boue jusqu'à ce que son image soit totalement noircie. Elle ne savait pas tenir sa fourchette ; sa grammaire laissait à désirer ; elle riait trop bruyamment. Il ressassait ces détails qui, peu à peu, en arrivaient à revêtir une importance démesurée, lui coupant toute envie de revoir son amie.

Naturellement, il apparut bien vite que Ben était impitoyable envers ses propres failles. Alors je lui ai proposé, durant une semaine, de repérer toutes les fois où il se critiquait et de noter ces remarques dans un carnet. Lors de la séance suivante, il m'avoua, en me présentant sa liste, combien il était choqué de la sévérité avec laquelle il se jugeait. Il n'avait pas mesuré à quel point il se rabaissait. Comment s'étonner de son absence d'indulgence envers les autres ? Habitué à scruter la moindre imperfection chez lui, il reproduisait ce mécanisme face à son entourage.

Les répercussions de la non-acceptation de soi

Si vous ne vous acceptez pas, vous mettez en péril votre couple, car la négativité que vous entretenez à votre encontre rejaillit automatiquement sur votre partenaire et empoisonne la relation tout entière.

Quand Betsy épousa Nick, elle savait qu'il souffrait d'un léger manque d'estime de soi. Mais elle était persuadée que, propulsé par la force de l'amour, il regagnerait de l'assurance. Au cours des huit premières années de leur mariage, il fluctua entre des périodes de doute et de confiance relative, jusqu'au moment où Betsy connut un essor professionnel fulgurant. Son entreprise de restauration-traiteur, à laquelle elle avait consacré tant de labeur, avait été citée dans un grand magazine américain et depuis, les commandes affluaient de tout le pays. C'est alors que Nick se mit à dénigrer ouvertement le travail de sa compagne, attribuant son succès à un simple coup de chance et l'accusant de se « faire mousser ». Son sentiment d'insécurité avait été piqué au vif et se manifestait par de l'agressivité à l'égard de sa femme et de sa réussite. Elle eut beau tout tenter pour sauver son union : la patience, la communication et même la thérapie conjugale, rien n'y fit. Alors, devant l'impossibilité d'échapper à cette spirale de négativité et de violence émotionnelle, elle décida de se séparer de lui.

Dans les cas extrêmes, le manque d'estime de soi peut conduire un individu à rejeter ou à saborder une relation amoureuse. Les sentiments de honte et de mépris sont si profondément ancrés chez lui qu'il n'autorise personne à l'aimer. D'une part, il ne saura pas identifier un lien authentique, puisqu'il ne possède aucun repère pour le reconnaître. D'autre part, il considérera quiconque s'intéressant à lui comme dénué de valeur. Groucho Marx disait en plaisantant : « Je ne voudrais pas faire partie d'un club qui m'accepterait pour membre ! » Cette boutade résume parfaitement ce type d'attitude. Si l'on ne se trouve pas soi-même digne d'amour, on regarde avec suspicion celui ou celle qui nous aime.

Quelques outils pour développer l'amour de soi

Pour la plupart d'entre nous, apprendre à s'aimer est le travail d'une vie entière. Cette aptitude ne s'acquiert pas du jour au lendemain, ni d'un coup de baguette magique. Au contraire, elle demande une initiation et un entraînement quotidien, comme dans un sport. L'un des charmes de l'existence réside dans tout ce temps qui nous est donné pour nous perfectionner dans l'amour de soi.

Point n'est besoin d'être passé maître en la matière pour aspirer à aimer autrui. Cependant, il est nécessaire de s'être déjà activement engagé sur cette voie. Fort heureusement, la société actuelle incite au développement personnel. Comme le présent ouvrage traite des relations amoureuses, et non de l'estime de soi, je me contenterai de vous livrer mes techniques favorites dans ce domaine, tout en vous invitant à vous renseigner plus avant par vous-même.

Compte tenu du caractère apparemment flou et abstrait de cette notion, il convient de débuter par des exercices concrets. Par exemple, tous les soirs, dressez une liste de « félicitations » et recensez vos réalisations de la journée, en commençant chaque phrase par « je ». Il peut s'agir de situations aussi insignifiantes que : « j'ai tenu tête à mon teinturier parce qu'il a abîmé mon pantalon », « j'ai achevé une tâche que je remettais sans cesse au lendemain », « j'ai préparé un excellent café ». Reconnaître même ces menus détails contribuera à vous montrer votre valeur, car cela implique de vous concentrer sur les aspects positifs, au lieu de vous tourner automatiquement vers le négatif. Dans mes ateliers, nous disons : « Dix réalisations par jour nous préservent des saboteurs ! » D'autre part, il faut réitérer une action vingt et une fois pour qu'elle devienne une habitude. Par conséquent, si vous vous astreignez à cette discipline vingt et un jours d'affilée, vous remarquerez sans doute une amélioration sensible de votre perception et de votre confiance en vous. Votre esprit ne se focalisera plus machinalement sur vos erreurs mais sur vos réussites.

Une autre recette consiste à prendre soin de vous comme vous le feriez d'un ami ou d'un être cher. C'est une manière de vous prouver que vous comptez : vous méritez qu'on vous consacre du temps, de l'énergie ou de l'argent. Dressez une liste des choses qui vous rechargent et vous dynamisent. Il peut s'agir d'activités physiques, de plaisirs sensoriels ou de pratiques spirituelles, telles que :

Admirer un coucher de soleil
Prendre un bain
Se faire masser
Passer la journée au lit quand on n'est pas malade
Se promener à bicyclette
Boire un verre avec un ami
Déguster un bon plat
Allumer des bougies parfumées
Méditer
Écouter de la musique

Choisissez une idée par jour et mettez-la en application, même si vous devez vous forcer un peu au démarrage. Bientôt, cette technique portera ses fruits. Vous absorberez tous ces bienfaits et ce processus deviendra pour vous l'un des meilleurs moments de la journée.

Commencez par vous. Vous disposez du moment présent et de votre personne. C'est tout ce qu'il vous faut pour vous aimer. Montrez comment vous désirez être traité, à vous-même et aux autres, et très vite, vous comprendrez en quoi consiste un amour véritable, inconditionnel et authentique. Alors, la merveilleuse expérience du partage et de la relation vous sera offerte, tel un cadeau tombé du ciel.

Peu importent les moyens que vous utiliserez pour accéder à la conscience de votre propre valeur. L'essentiel est de consacrer du temps et de l'énergie pour apprendre à aimer le seul être qui vous accompagnera vraiment jusqu'à votre dernier soupir : vous-même.

Règle n° 2
S'unir est un choix

La décision de nouer un lien amoureux dépend de vous.
Vous possédez la capacité d'attirer à vous l'élu de votre cœur
et de concrétiser la relation que vous désirez.

À en croire les chanteurs, l'amour naît par la force du destin. Selon les poètes, il s'agit d'une abstraction insaisissable qui apparaît et disparaît comme une volute de fumée. Nos amis nous affirment que c'est une question de moment propice. Les publicités évoquent des atouts tels qu'une belle voiture, des jeans seyants, des dents immaculées, une haleine fraîche, des cheveux brillants. Toutes ces images contradictoires ont de quoi rendre perplexe.

En vérité, pour trouver l'amour authentique, point n'est besoin de fouiller dans sa pharmacopée, ni de s'en remettre au sort ou au temps. Le secret réside dans votre propre conscience.

Quelle est votre réaction immédiate en apprenant que cela dépend de vous ? Pensez-vous posséder le pouvoir d'attirer et de rencontrer l'amour auquel vous aspirez ? Si tel est le cas, passez directement à la règle 3. En revanche, si vous nourrissez le moindre doute quant à votre possibilité naturelle de générer une union harmonieuse et de contrôler la situation, alors, lisez les pages suivantes.

L'amour ne survient pas « comme ça ». Il se crée, un peu comme vous concoctez un repas. Vous commencez par imaginer le menu, ce que vous souhaitez manger. Puis vous évaluez le temps dont vous disposez et ce que vous pouvez vraiment préparer. Vous vous assurez ensuite d'avoir tous les ingrédients nécessaires, vous suivez la recette et enfin, vous vous mettez à table. Vous n'imaginez pas que le plat vous tombera tout cuit du ciel !

L'amour suit le même type de processus. Il se développe à partir de votre imagination, de vos intentions et de vos actes. Beaucoup confondent à tort *vouloir* et *chercher* l'amour. Enfant, Alex souhaitait ardemment se faire des amis, mais par timidité, elle ne se rendait à aucune fête. Sa mère la sermonnait : si elle ne sortait pas de chez elle, elle ne pouvait espérer que les autres viennent la solliciter. Aujourd'hui âgée de quarante et un ans, elle attend sagement le prince charmant qui, naturellement, n'a jamais frappé à sa porte. Bien des gens pensent que l'âme sœur se matérialisera comme dans les contes de fées et qu' « ils vivront heureux et auront beaucoup d'enfants ». Malheureusement, les choses ne fonctionnent pas ainsi. Afin de connaître l'amour, vous devez savoir ce qu'il vous faut au plus profond de vous et initier le processus.

    Il convient de suivre certaines étapes pour transformer le rêve en réalité. Ainsi, votre quête ne ressemblera plus à un jeu de hasard, mais à un exercice conscient basé sur la causalité.

La signification de l'union

Avant de décider de vous unir à autrui, il semble judicieux de comprendre exactement le sens de cette notion. Il s'agit d'une association de deux entités, dans laquelle les deux partenaires jugent plus bénéfique de mettre en commun leurs énergies, leurs talents et leurs ressources que de les exploiter séparément.

Dans le domaine sentimental, ces deux êtres vont créer une nouvelle réalité. À mesure qu'ils se rapprochent l'un de l'autre et qu'ils se relient sur le plan physique, émotionnel, mental et spirituel, ils passent progressivement de deux « je » disjoints à un « nous », auquel chacun apporte sa contribution. Les deux « je » ne disparaissent pas pour autant ; au contraire, ils se retrouvent enrichis par cette fusion avec l'autre. Devenir un « nous » revient à former une équipe dont l'objectif consiste à avancer collégialement dans l'existence, comme une force solidaire.

Les aspects positifs et négatifs de l'union

La formation d'un couple entraîne des changements positifs et négatifs dans votre existence et requiert de trouver un équilibre entre ces deux polarités. L'un des aspects positifs correspond naturellement à tout le romantisme que dépeignent si bien le cinéma et la littérature. C'est cette incroyable poussée d'adrénaline que provoque le fait de tomber amoureux, l'ivresse de se sentir adoré, le cœur qui bat la chamade en entendant la voix de l'autre, le merveilleux réconfort d'apercevoir son sourire au milieu de la foule.

Pour la plupart des gens, cela signifie aussi ne plus être seul, avoir quelqu'un avec qui partager son temps et son chemin de vie. Un compagnon ou une compagne vous apporte des bienfaits considérables : vous avez désormais une personne qui vous aime, qui vous prête attention, qui prend soin de vous, qui vous épaule, qui assouvit vos désirs sexuels, qui participe à vos activités et donne du piment à votre existence. Vous obtenez du soutien quand vous êtes perdu, des encouragements quand avez peur et de la force quand vous perdez confiance. Au plan le plus élevé, le couple devient un lien sacré qui vous permet de livrer vos secrets les plus intimes, d'admettre vos faiblesses, de mûrir de manière surprenante et d'entremêler vos rêves et vos espoirs.

L'inconvénient majeur de la vie à deux découle exactement de la même idée : vous n'êtes plus seul. Cela signifie que vous ne constituez plus une entité totalement autonome. Vous devez composer avec les différences qui vous séparent de votre partenaire : dans votre fonctionnement, votre rythme, votre mode de communication, vos habitudes, vos goûts. Il vous faut gérer les difficultés quotidiennes inhérentes à la cohabitation. L'autre a aussi ses idées, sentiments, aspirations, manies, excentricités et problèmes qui méritent autant de considération que les vôtres. Pour résumer, il vous faut lui accorder une place. Vous devez tenir compte de son avis. Vous ne pouvez plus agir à votre guise quand cela vous chante. Vous devez prêter attention à chaque détail, de l'espace que vous occupez dans votre lit à la façon dont vous dépensez votre argent. Vous devez accepter de vous adapter pour que vous et votre partenaire puissiez vivre en harmonie.

Prenons l'exemple de Gail, partie dans une station balnéaire avec sa fille, qui avait décidé de visiter un appartement en vente dans un village de vacances. Toutes deux eurent un coup de cœur pour ce logement et, enthousiasmée, Gail sortit immédiatement sa carte de crédit afin de verser des arrhes. Elle ne prit pas le temps d'en parler à son mari Victor, qu'elle venait d'épouser. Cela faisait des années qu'elle ne rendait de comptes à personne. En rentrant de ce voyage, elle dut affronter la colère de son conjoint qu'elle n'avait pas jugé utile de consulter. Il lui expliqua que sa manière d'agir lui donnait l'impression d'être exclu et considéré comme une quantité négligeable au sein de leur couple.

Gail mesura son erreur et comprit qu'il lui fallait accorder aux sentiments et opinions de Victor la même importance qu'aux siens dès lors qu'une situation les concernait tous les deux. S'ils devaient acheter une résidence secondaire, il importait de prendre en compte leurs préférences respectives – quant au site, au prix, aux aménagements.

La vie en couple implique aussi d'être parfois prêt à revenir sur ses positions en fonction des priorités de l'autre. Cela signifie de renoncer à une partie de son contrôle et à son envie d'avoir le dernier mot. Lorsque vous viviez seul, vous avez pris l'habitude de faire ce que vous vouliez quand vous le vouliez. La présence d'un partenaire bouleverse soudain ce fonctionnement, ajoute certaines complications et demande certains efforts d'adaptation auxquels vous ne pouvez échapper.

Afin de générer une union réussie, il vous faut intégrer les aspects positifs comme négatifs. Vous devez accueillir tant les difficultés que les joies, tant les épreuves que les victoires, tant les problèmes que les élans. On ne peut pas s'engager à moitié dans cette entreprise : elle requiert la totalité de vos ressources, de votre bonne volonté et de votre capacité à trouver un équilibre. Et vous aurez besoin de toute la force de votre conviction pour vous soutenir dans cette aventure.

Le choix de vivre en couple

Le monde semble être fait pour les couples ; c'est notre société qui le veut ainsi. Il nous paraît normal que les gens passent leur vie à deux, comme s'ils se préparaient encore à embarquer dans l'Arche de Noé. C'est de mille manières, plus ou moins subtiles, que nous soutenons les relations à deux. Cela va de l'allégement des impôts pour les conjoints, jusqu'à la création de jours de fête pour célébrer l'amour. Certains peuvent opter pour un autre type de relation, qui ne sera pas forcément une association. Néanmoins, tout cela nous incite à chercher un partenaire et prouve que le fait de vivre en couple participe moins d'un choix personnel que d'une exigence de la société.

Souvent, mon mari se trouve dans l'incapacité de m'accompagner dans mes voyages d'affaires et, de temps en temps, je dîne seule au restaurant. Chaque fois que j'entre dans la salle à manger et que je demande une table, le maître d'hôtel me lance, d'un air étonné : « Pour une seule personne ? » Puis, une fois que je suis assise, il me propose un magazine, sous-entendant par là qu'un peu de lecture me consolerait de ce repas solitaire. À la vérité, c'est l'attitude de ces maîtres d'hôtel qui est pénible plutôt que le manque de compagnie !

Beaucoup estiment ainsi que le fait de vivre seul n'est pas facile. Et ce à cause de la pression que la société exerce sur eux afin qu'ils « entrent dans le moule » et mènent une existence conventionnelle. Cette pression se révèle dangereuse car il est fréquent qu'une relation se brise parce que l'un des deux partenaires n'a pas choisi au départ de s'y installer. Peut-être y a-t-il été forcé par sa famille ou, tout simplement, par la solitude. Cependant, ce genre d'union, née d'une nécessité plutôt que d'un réel désir, n'est jamais épanouissante. Se trouver un partenaire afin de ne pas perturber un plan de table conçu par couples ne constitue assurément pas la meilleure base pour une association sincère et durable.

Choisir ou décider

Dans mon dernier livre, *Si la vie est un jeu, en voici les règles,* j'expliquais ce qui peut arriver lorsque nous nous laissons guider par la raison plutôt que par un désir viscéral. Le même schéma s'applique ici, et je crois que cela constitue l'un des éléments clés de la réussite d'une relation :

Le *désir* appelle un choix, qui à son tour appelle un *engagement.*

La *nécessité* appelle une décision, qui à son tour appelle un *sacrifice.*

Lorsque vous *choisissez* de vous mettre en couple, vous vous engagez consciemment et de votre plein gré dans une relation. Vous vous sentez sincèrement prêt à partager votre existence avec l'être cher.

Lorsque vous *décidez* de vous mettre en couple, vous êtes peut-être en train de penser : « Pourquoi pas ? » Il y a alors en vous une part d'incertitude qui, dans la majorité des cas, risque d'entraîner une situation insatisfaisante et loin d'être épanouissante.

Jusqu'où va la nécessité

À vingt et un ans, je vivais avec Bill, l'élu de mon cœur, lorsque ma mère est décédée. Peu de temps après, mon père nous a annoncé qu'il vendait la maison et que l'on partait s'installer en Floride. Ce qui m'a passablement contrariée car j'avais toujours rêvé de me marier dans la ville de mon enfance ; aussi Bill et moi avons décidé qu'il était aussi bien de convoler aussitôt. Il était charmant, plein de qualités, et nous étions les meilleurs amis du monde. Alors, pourquoi attendre ?

Avec le temps, cependant, il est devenu clair que nous n'étions pas faits l'un pour l'autre. Malgré l'amitié profonde qui nous liait, nous ne brûlions pas d'amour : nous ressemblions plus à un frère et une sœur qu'à des amants. Et nous savions que, pour que notre relation dure, il nous faudrait feindre de nous aimer et ignorer le désir qui pouvait, un jour ou l'autre, nous attirer vers quelqu'un d'autre. N'étant pas enclins à jouer les martyrs, nous avons décidé d'un commun accord de nous séparer. Aujourd'hui, Bill reste pour moi un ami très cher, qui a eu le bonheur de trouver l'épouse idéale.

Choisir de ne pas se mettre en couple

Sam était le seul célibataire de son entourage. À un peu plus de trente ans, il avait « pris du retard » par rapport à son groupe d'amis. Personne ne comprenait pourquoi il n'avait pas rencontré la femme de sa vie car il était beau, intelligent et bourré d'humour. La plupart de ses copains, déjà pères, joignaient leurs voix à celles de ses parents pour le presser de « s'installer ».

Tous négligeaient toutefois le fait que la carrière de Sam était en plein bouleversement, et que cela lui accaparait l'esprit à plein temps. Désireux d'assurer ses arrières avant de se lancer dans une existence à deux, il avait choisi en toute conscience de retarder une union éventuelle tant qu'il n'avait pas un emploi stable.

Un jour que je lui demandais ce qu'il en pensait, il a roulé des yeux étonnés et m'a dit : « Personne ne semble comprendre que ce n'est pas le fait de m'engager qui me fait peur. J'ai déjà connu plusieurs femmes que j'aurais pu épouser, mais je ne l'ai pas fait parce qu'en mon for intérieur, je savais que je n'étais pas prêt. Le moment venu, je n'hésiterai pas. »

Il avait une autre façon de voir les choses, voilà tout. Mais il faut une certaine force intérieure pour résister à la pression familiale et s'en tenir à ses propres convictions, même quand on se sent sûr de ce que l'on veut. Sam savait d'instinct ce que tant de gens mettent des années à assimiler : chacun suit son chemin et établit son calendrier comme il l'entend. Se choisir un partenaire pour la vie est un acte qui doit venir du plus profond de soi-même.

Du désir de vivre à deux

Vivre en couple n'est pas du ressort de tout le monde. Dans l'idéal, cette option concerne ceux qui désirent faire leur vie avec et à travers quelqu'un d'autre. Pour certains, cela constitue un choix manifeste et volontaire. Pour d'autres, c'est une éventualité qu'ils tiennent encore à soupeser car, à ce stade de leur existence, ils savent qu'ils ne sont pas encore prêts.

Il y a une différence entre le fait de *dire* que l'on aimerait s'unir à l'âme sœur et le penser réellement. Exprimer ce désir ne suffit pas. Si ces paroles sont le reflet d'une intime conviction, votre volonté est absolue. Dans le cas contraire, votre hésitation finira par se manifester tôt ou tard, et les conséquences ne seront pas toujours agréables. Si vous n'êtes pas certain de vouloir vous installer en couple, ou si vous voulez avoir la certitude que votre désir est réel, posez-vous les questions suivantes :

– Lorsque je pense à la possibilité de me lancer dans une relation sérieuse, quelle réaction me vient à l'esprit ?
– Suis-je prêt à m'aventurer au-delà des carcans émotionnels derrière lesquels je me protège ?
– Est-ce que je désire vraiment partager mon temps (mon argent, mon espace vital, etc.) avec quelqu'un ?
– Suis-je prêt à faire des concessions, des compromis ?
– Suis-je prêt à faire de la communication une priorité ?

Si vous éprouvez des réticences, vous serez capable de l'expliquer à votre entourage d'une manière qui saura les inciter à respecter vos idées. Quand les amis et la famille de Sam ont continué à le harceler sur sa situation de « vieux garçon », il leur a clairement fait savoir qu'il était heureux ainsi et qu'il ne manquerait pas de les prévenir lorsque l'heure du mariage sonnerait. Quelque peu surpris, ses proches ont fait marche arrière. Et, bien que sa mère essaie, de temps à autre, de savoir où en est sa vie sentimentale, et que ses copains continuent de se moquer gentiment de lui, ils ont tous cessé de l'abreuver de conseils et de questions indiscrètes sur sa situation.

La volonté qui émane de votre désir profond vous permettra de commencer à jouer au jeu de l'amour et vous incitera à faire rouler vos dés sur la table. Votre choix déclenche en vous – et autour de vous – une explosion d'énergie qui vous poussera en avant et vous soutiendra tout au long de votre quête de l'amour authentique.

Passer à l'action

À présent que vous avez fait le choix de vous lancer dans une relation véritable et durable, que vous êtes prêt à accepter tout ce que cette union peut vous apporter, le meilleur ou le pire, comment procéder ?

Voici les étapes à franchir, qui vous aideront à découvrir le partenaire de votre vie :

1. Définissez clairement ce que vous recherchez.
2. Envisagez votre relation sous tous les angles.
3. Sachez reconnaître les obstacles que vous allez rencontrer.
4. Manifestez vos intentions.

Je ne puis garantir qu'en suivant chacune de ces étapes vous ferez apparaître l'amour de votre vie, mais je peux vous dire que les réussites dont j'ai été témoin sont très nombreuses, et qu'il y a toutes les chances de croire que ces paliers vous conduiront vers la relation véritable que vous attendez.

Première étape : définissez clairement ce que vous recherchez

Vous n'obtiendrez pas ce que vous voulez si vous ne savez pas ce que vous recherchez. Sans idée de ce que vous attendez de votre futur partenaire, il vous faudra peut-être en « essayer » plusieurs avant de déterminer vos objectifs. Ce qui n'est sans doute pas la façon la plus agréable de découvrir l'amour. Cela semble même plutôt épuisant. Je connais un homme qui, après avoir fréquenté un nombre incalculable de femmes, est encore incapable de dire ce qu'il cherche. Et qui perd ainsi un temps monstrueux de conquêtes en conquêtes dans le but de trouver l'âme sœur.

Il existe pour cela un chemin plus simple, qui commence avec l'idée précise que vous vous faites de vous-même, de ce que vous cherchez et, de ce que vous désirez réellement.

Vous connaître vous-même

Apprendre à vous connaître est la première chose à entreprendre. Savoir qui vous êtes signifie que vous comprenez ce qui fait vibrer votre cœur, ce qui vous rend heureux, ce qui vous met en colère, ce qui vous sera profitable ou non, et ce que vous tolérerez ou non. Cette démarche aura pour effet de mettre au jour vos attentes et vos propres limites afin de suivre le chemin de vie que vous vous êtes tracé plutôt que les innombrables sentiers qui ne mènent nulle part.

Lorsque vous serez « synchrone » avec vous-même, vous serez en état d'imaginer les qualités de votre partenaire potentiel et la relation qui vous liera, pour qu'ils vous paraissent, l'un comme l'autre, authentiques. La connaissance de soi est la clé du choix judicieux. Plus en vous saurez sur vous-même, plus vous aurez de chance de réussir votre union. Faites de ces conseils une motivation pour vous lancer dans une étude approfondie de qui vous êtes. Votre but est d'être sincère avec vous-même afin de trouver l'être qui sera sincère avec vous.

Se connaître et se comprendre soi-même n'est pas une tâche herculéenne, mais elle demande malgré tout un investissement de temps et d'énergie. Vous pouvez faire des découvertes sur votre caractère par le biais de la lecture, de la méditation, de la prière, d'ateliers divers, de séances de psychothérapie, etc. Vous mesurerez mieux vos tolérances, vos passions, vos aspirations, vos phobies et vos exigences. Vous obtiendrez des informations essentielles sur vous-même qui vous aideront à communiquer et à vous tourner vers les autres.

Savoir ce que vous cherchez chez un partenaire

Une fois que vous aurez une idée claire de ce que vous êtes, l'étape suivante consistera à estimer quelle personne sera susceptible de vous convenir. Et les chances de se tromper sont multiples car on ne sait jamais exactement par où commencer ni comment s'y prendre. Vous pouvez toujours demander quelque chose de merveilleux mais la définition du merveilleux est tellement subjective que, là aussi, toutes les erreurs sont possibles. À vous de spécifier clairement votre désir afin d'obtenir exactement ce que vous voulez.

Adolescente, Ginger avait des critères très nets quant au petit ami dont elle rêvait. Il devait être beau, posséder une garde-robe branchée, être populaire et embrasser comme un dieu. Posséder une belle voiture était un atout supplémentaire, mais pas une condition sine qua non. À l'âge adulte, Ginger refusa de changer ses exigences d'un iota, ce qui lui causait bon nombre de problèmes.

Un beau jour, à vingt-cinq ans, elle se retrouva en train de confronter les qualités d'un nouveau soupirant à la liste de sa jeunesse. Et, lorsque le malheureux se révéla « recalé » – comme, d'ailleurs, de nombreux autres hommes avant lui –, elle se mit aussitôt en tête de le rejeter. Pourtant, cette fois, elle réfléchit et se dit : « Peut-être mes critères sont-ils un peu passés de mode. Jamais je n'ai revu ma liste ; peut-être devrais-je l'actualiser... »

Après l'avoir longuement passée en revue, Ginger en arriva à ceci : il lui fallait un gentil mari, un bon père qui sache subvenir aux besoins de sa famille, un investisseur avisé, un homme économe, bricoleur, etc. La liste terminée, elle songea : « C'est ma mère qui parle, pas moi. Et moi, qu'est-ce que je veux, réellement ? » Et Ginger d'entreprendre la définition de son homme idéal, avec recul et lucidité. Au terme de plusieurs heures de méditation, elle eut la surprise de constater que ses priorités avaient changé du tout au tout ; mue par ses sentiments personnels, elle pouvait enfin prétendre à connaître l'amour.

Dresser la liste de vos critères

Le meilleur moyen de savoir avec qui vous voulez partager votre vie est de dresser la liste de vos desiderata. Beaucoup de gens n'ont qu'une vague idée de leurs préférences, mais le seul fait de l'écrire les amène à prendre conscience de leurs souhaits. Si vous dressez cette liste d'après vos réels désirs, vous serez plus à même d'éviter les relations vouées à l'échec.

Dans l'absolu, votre liste devrait consister en trois parties. La première contiendrait les exigences essentielles non négociables : vos critères obligatoires. Ce sont les qualités, les goûts, les attitudes, les aptitudes, les convictions et les centres d'intérêt que vous aimeriez trouver chez l'être cher, dont vous estimez qu'ils sont indispensables à votre partenaire.

Prenons Kim, par exemple, une femme de trente et un ans, dotée d'une nature aussi espiègle qu'optimiste, qui estime que le rire fait partie des plus grands bonheurs de la vie. Pour elle, le sens de l'humour est essentiel à une bonne entente.

La deuxième partie, la « liste de souhaits », concerne des qualités qui ne sont pas essentielles mais qui, dans l'idéal, seraient préférables. Mack, fana de plongée, note dans ce volet qu'il aimerait que son épouse éprouve la même passion que lui pour cette activité. Il ne rejetterait a priori aucune femme parce qu'elle n'aime pas ce sport mais brûle de rencontrer une sirène qui l'accompagnerait au plus profond des mers.

La troisième partie de votre liste détaillerait les défauts inacceptables ; les traits rédhibitoires, en somme, comme l'alcoolisme ou la dépendance aux drogues, pour n'en citer que deux. Pour certains, cela peut être un mauvais caractère, et pour d'autres, comme Bonnie, qui désire ardemment avoir un bébé un jour, ce serait un partenaire qui refuse d'avoir des enfants. Jamais elle ne poursuivra une relation avec un homme qui ne voudrait pas fonder de famille. Cette liste dépend des aspirations et du seuil de tolérance de tout un chacun. Vous seul pouvez en décider.

Dresser une telle liste vous aidera à vous représenter précisément ce que vous attendez de votre futur partenaire. Cela ôtera le flou de votre esprit, en transformant les « ce que je *crois* vouloir » en « ce que je *suis sûr* de vouloir ». Rangez cette liste dans un tiroir ou dans un endroit pratique afin de pouvoir vous y référer facilement lorsqu'un partenaire éventuel apparaîtra dans votre vie.

Une liste modèle

Jennifer, la trentaine, est venue me consulter dans mon cabinet pour y dresser la liste de ses critères. Ce qu'elle a produit constitue l'éventail de souhaits le plus réfléchi que j'aie jamais vu, et j'aimerais vous le proposer en guise d'exemple. Bien entendu, vos critères peuvent s'en écarter, mais je vous propose ceux de Jennifer pour vous aider simplement à penser à ce que pourraient être les vôtres.

La liste de Jennifer

Les impératifs

1. Un homme intelligent et stimulant au plan intellectuel, qui aime comme moi discuter de tout.
2. Attiré par la spiritualité.
3. Grand cœur, gentil et aimant.
4. Prend au sérieux sa vie professionnelle et financière.
5. Prêt à tous les efforts pour maintenir l'harmonie dans son couple.
6. Prêt à me soutenir dans mes projets, dans mes rêves, et lorsque j'ai besoin de réconfort. Et qui accepte aussi que je l'aide en retour, qui ne se cache pas lorsqu'il a besoin de moi.
7. Passionné, qui a le goût de la vie.
8. Ne se laisse pas abuser par mon autosuffisance, est capable de deviner ma vulnérabilité.
9. Honnête.
10. Aimerait être père.

Les souhaits

1. Aime voyager.
2. Aime la lecture et le cinéma.
3. Saura me faire rire.
4. Aime occuper et distraire son entourage.
5. S'entendra bien avec mes amis.

6. Un bon amant, sachant s'exprimer physiquement et amoureusement tout en restant respectueux et à l'écoute de sa partenaire.

7. Assez grand – au moins plus que moi.

Les défauts rédhibitoires

1. Peu communicatif, peu ouvert, qui se terre dès que surgit un problème.
2. Relation à distance.
3. Infidélité proverbiale.
4. N'aime pas ma famille, ma famille ne l'aime pas.
5. N'entretient pas ses amitiés ou ne leur accorde pas de valeur.
6. Ne m'attire pas physiquement.

Jennifer est toujours à la recherche de l'âme sœur, et elle se réfère à sa liste chaque fois qu'elle est tentée de se lancer dans une nouvelle relation parce qu'elle se sent trop seule ou en manque d'amour physique. Cette liste lui permet de réfléchir et d'évaluer les défauts et les qualités de chaque homme qu'elle rencontre, et de savoir dire non à ceux qui ne lui semblent pas faits pour elle. Ainsi, elle peut laisser dans son cœur une place libre pour l'homme de sa vie… quand il se présentera.

Lorsque vous aurez inventorié vos propres paramètres et que vous aurez à l'esprit l'image du partenaire idéal, vous serez prêt à avancer vers la deuxième étape : envisager le type de relation que vous désirez entretenir.

Deuxième étape : imaginez votre relation

Vous venez de définir le compagnon idéal, vous allez maintenant vous représenter quelle sera votre relation avec lui afin de savoir ce que vous cherchez exactement. Cette image que vous allez vous créer fera office de baromètre de compatibilité. Il vous faut d'abord savoir quel type de relation vous voulez connaître. Par exemple, Mel sait qu'il aimerait une vie de couple traditionnelle : uni par les liens du mariage, il aurait des enfants et vivrait dans un petit pavillon de banlieue. Il ne s'entendrait certes pas avec Cathleen, qui aspire à une existence sans contrainte et n'estime pas nécessaire de passer devant M. le maire. Sherry, quant à elle, cherche plutôt ce qu'elle appelle un ami de cœur, avec qui elle partagerait toutes sortes d'activités. Joël, lui, voudrait qu'on accepte les exigences de son travail et s'accommode de son emploi du temps un peu fou. Marcie aimerait trouver un homme au bras duquel elle pourrait sortir partout et tout le temps, alors que Robert rêve d'une épouse qui l'aide à faire tourner son entreprise et à communiquer avec ses associés et nombreux clients.

Aucun de ces modèles n'est plus recommandable qu'un autre. Ils ne font que refléter les aspirations de chacun et leur recherche d'une relation idéale.

Quelques facteurs à considérer

Il y a plusieurs facteurs à prendre en considération lorsque vous imaginez un couple. Étudions, pour commencer, le genre de lien auquel vous aspirez. Cherchez-vous, comme Sherry, à avoir des rapports très proches, très intimes, ou préférez-vous plus d'espace, comme Joël ? Jusqu'à quel point désirez-vous rendre des comptes à votre partenaire ou qu'il vous en rende ?

Ensuite, il y a le mode de vie à considérer. Où habiterez-vous ? Quel type d'existence aimeriez-vous mener ? Quelle vie sociale voudriez-vous avoir ? Avez-vous l'intention de voyager ou de rester en permanence dans la même ville ?

Fonder une famille a aussi son importance. Désirez-vous des enfants ? Combien ? Quand ? Prévoyez-vous de prendre votre retraite avant un certain âge et, si oui, que comptez-vous faire, alors ? Pensez-vous que votre partenaire s'arrêtera de travailler en même temps que vous ?

Toutes ces questions doivent avoir leur place dans votre liste. Ne les perdez pas de vue car elles vous seront d'une aide précieuse lorsque vous rencontrerez une personne susceptible de correspondre à vos critères.

Troisième étape : sachez reconnaître les obstacles

Vous savez qui vous êtes. Vous savez ce que vous attendez du partenaire idéal. Vous vous êtes représenté ce que pouvait être votre relation. À présent vient le plus difficile : reconnaître et éviter les obstacles qui pourraient vous barrer la route.

Si votre première réponse à cela est : « Le seul obstacle est justement le fait que je n'arrive pas à trouver la bonne personne », je vous renverrai à la Règle 1. Je vous dirai aussi que ce qui constitue votre obstacle principal c'est votre certitude de ne jamais pouvoir trouver ou obtenir ce que vous recherchez.

Les convictions inconscientes

Elles sont extrêmement puissantes et donnent lieu, nous l'avons vu, à des prophéties auto-induites. À cause d'elles, vous appréhendez une situation avec certaines présomptions, qui vous poussent à penser que ce que vous tenez pour vrai va forcément se confirmer dans les faits.

Mes amis Matthew et Andrea vivent dans la grande banlieue de Denver et j'ai longuement séjourné chez eux pour affaires. Le matin, l'un ou l'autre me conduisait en ville. Quand je faisais la route avec Matthew, nous trouvions toujours une place de parking et, chaque fois, il me faisait cette remarque : « C'est tellement facile de stationner dans le centre. »

Andrea, quant à elle, s'angoissait à mesure que nous approchions de Denver. « Impossible de se garer ! se lamentait-elle. Il y a trop de gens et trop de voitures. » Et le pire était qu'elle avait raison ! Il nous arrivait souvent de tourner durant trois quarts d'heure en désespoir de cause.

Il était fascinant de constater que chacun dans son genre avait raison, même si les points de vue étaient diamétralement opposés. Inutile de dire que j'essayais toujours d'organiser mon emploi du temps de façon à faire le chemin avec Matthew plutôt qu'avec Andrea.

De la même manière, si vous cherchez l'amour en étant certain que vous ne trouverez jamais chaussure à votre pied, c'est perdu d'avance. Prenez la peine d'examiner vos convictions pour vous assurer qu'elles correspondent à ce que vous désirez. Car vous pouvez perdre un temps précieux et dépenser un maximum d'énergie à rechercher une chose qu'au fond de vous-même vous croyez impossible.

L'hésitation profonde

Si tant de gens veulent trouver l'amour, pourquoi y a-t-il une telle divergence entre ce qu'ils affirment désirer et ce qu'ils obtiennent ? Pour beaucoup, il existe une sorte de barrière invisible qui crée ce que j'appelle le « oui externe » et le « non interne ». Lorsqu'il se forme un fossé entre ce que vous prétendez vouloir et ce que vous remportez, c'est qu'il y a quelque chose de subtil et d'inconscient en vous qui répond par la négative devant la question du couple.

Tapie dans votre subconscient, cette barrière invisible vous défend de manifester le fond de votre désir. Lorsque vous sentez que vous trébuchez dans vos tentatives amoureuses, c'est le moment de prendre des distances et de réfléchir aux tiroirs secrets de votre cœur, de votre esprit et de votre âme : c'est là que se dissimulent vos convictions, vos craintes, vos inquiétudes ou vos doutes, qui peuvent agir comme un frein et empêcher l'amour de voler librement vers vous.

Ces obstacles ne déterminent pas votre destin, pas plus qu'ils ne sont responsables de vos succès ou de vos échecs au jeu de l'amour : envisagez-les comme des haies à enjamber afin de transformer votre désir d'un amour vrai en une réalité.

La crainte de souffrir

Le blocage inconscient de Trixie était la peur de souffrir. Elle venait de trouver la force de rompre un mariage malheureux et, après s'être accordé une année pour panser ses plaies, elle a commencé à faire des rencontres. L'ennui, c'est qu'elle n'était attirée que par des hommes qui, pour une raison ou pour une autre, n'étaient pas disponibles ; l'un avait été détruit par un amour malheureux, l'autre ne voulait pas s'engager, le troisième était marié ou homosexuel, etc. En fin de compte, elle se trouva complètement démoralisée.

Je lui ai demandé si elle pouvait imaginer un obstacle quelconque qui l'empêchait de rencontrer l'homme idéal. D'abord, rien ne lui vint à l'esprit. Elle désirait s'installer dans une relation saine et, selon elle, aucun partenaire valable ne se présentait à l'horizon.

J'ai alors cherché à la sonder plus profondément :

— Avez-vous des pensées, des images ou des craintes qui pourraient inconsciemment vous freiner ?

Comme elle me regardait droit dans les yeux, des larmes ont commencé à lui couler le long des joues.

— Oui, a-t-elle murmuré. J'ai tellement peur de souffrir à nouveau. Je ne veux pas revivre l'horreur que j'ai vécue...

— Peut-être, lui ai-je répondu, qu'une part de vous dit « oui » tandis qu'une autre dit « non » en même temps. Vous émettez sans doute inconsciemment ce message : « Approchez, mais pas trop près ; allez-vous-en, mais pas trop loin. » Et les hommes qui le reçoivent sont plutôt déroutés par ces deux signaux contradictoires.

Une fois que Trixie a identifié la peur qui lui barrait le chemin, elle s'est laissé persuader que l'amour ne menait pas nécessairement au chagrin. Lorsqu'elle a enfin pu donner un nom à ses craintes, celles-ci se sont envolées. Bientôt, un soupirant sérieux s'est manifesté en lui promettant un amour indéfectible. Et Trixie en a été la fois surprise et enchantée.

Pour quantité de gens, la peur de ressortir blessé d'une histoire les empêche de trouver l'amour. Ils peuvent prétendre qu'ils désirent être aimés mais ce qu'ils exigent, en réalité, c'est une garantie d'amour. Est-ce votre cas ?

La crainte de perdre l'amour

George se croyait incapable de pouvoir garder un amour... s'il parvenait à le trouver un jour. Lorsque je l'ai connu, ce pilote portait un lourd passé sur les épaules. Les liaisons amoureuses n'étaient pas son fort. Janice, une hôtesse de l'air, lui a suggéré un jour de venir me consulter.

– Je ne crois pas avoir quoi que ce soit à offrir, m'a-t-il annoncé d'entrée. Je voyage sans cesse et, mon temps libre, je le passe à dormir, à entraîner d'autres pilotes ou à pêcher.

Je lui ai demandé ce qu'il venait chercher ici et il m'a répondu que son plus cher désir était de connaître une femme qui soit à la fois une compagne, une amie et une amante. Pour l'heure, il estimait sa quête désespérée. Peut-être avait-il peur de quelque chose ? À cette question, il répliqua :

– Il y a tant de divorces que mes chances de réussite sont très minces. Je connais des gens qui communiquent autrement mieux que moi et dont le mariage a tout de même fini par capoter. Autant ne pas me lancer.

J'ai alors demandé à George s'il se sentait capable de confier ses craintes à une femme avec qui il avait une aventure. Il pensait que c'était possible.

– Si vous pouvez en toute franchise avouer vos pensées et vos peurs à celle que vous aimez, lui dis-je, je crois que tout n'est pas perdu, bien au contraire. Maintenant, rentrez chez vous et prouvez-moi que j'ai raison.

Il lui fallut plus d'un an pour découvrir la femme de ses rêves, mais cela finit par arriver. Malgré ses inquiétudes du début, il a pu maintenir la flamme.

La peur de perdre l'amour constitue-t-elle un obstacle qui vous empêche de le trouver ? Si c'est le cas, il vous faudra avoir le courage de la surmonter. Chaque nouvel amour apporte son lot de risques, et vous ne pourrez être que récompensé si vous parvenez à dominer vos craintes en donnant sa chance à l'élu de votre cœur – et à vous-même.

Ne pas mettre la barre trop haut

Un corollaire de la crainte est le fait d'imaginer des critères de perfection impossibles à atteindre. Fixer la barre trop haut revient en effet à se prémunir contre d'éventuelles blessures. L'idée pourrait être judicieuse, si elle ne vous privait pas à jamais de la possibilité de vous lier à un partenaire. Lorsque Roger m'a donné la description de la compagne idéale à ses yeux, j'ai noté qu'il recherchait une série de femmes différentes mais toutes moulées dans le corps d'une seule. Il voulait qu'elle possède la plastique d'une poupée Barbie, la puissance de Buffy tueuse de vampires, et la douceur de la Dorothée du *Magicien d'Oz.* Il se la figurait charmante comme la princesse Diana, sexy comme Sharon Stone, et talentueuse comme Dorothy Parker. En plus, il l'espérait jolie, agréable, de bonne compagnie et pleine d'esprit.

Je lui ai alors demandé s'il se voyait lui-même comme un James Bond en puissance, et il a éclaté de rire. Cherchait-il la femme parfaite ? Ce à quoi il a répliqué : « Oui. C'est possible, non ? »

Il m'a fallu expliquer qu'il y avait une différence entre chercher la femme idéale et chercher une femme surhumaine. Avec ses exigences démesurées, Roger se condamnait à la solitude.

Vos critères sont-ils réalistes ? Si vous donnez à votre partenaire idéal les attributs d'un extraterrestre, ne vous étonnez pas de vos échecs.

Fixer des paramètres trop restrictifs

La situation de Joy n'était pas si différente de celle de Roger, en ce sens qu'elle s'empêchait de trouver une relation stable en établissant des paramètres trop précis. Elle ne désirait sortir qu'avec des hommes bruns, des médecins ou des avocats à la carrure d'athlète, âgés de trente ou quarante ans, et qui vivaient dans des quartiers huppés. Peu d'individus correspondent à tous ces critères à la fois, et lorsque Joy en trouvait enfin un et qu'elle finissait par s'en lasser comme des précédents, elle déclarait à qui voulait l'entendre que sa situation était sans espoir.

Je lui ai alors soufflé que l'étendue de ses critères n'était pas très large, et qu'elle ferait peut-être mieux de s'interroger : désirait-elle réellement se marier ?

Joy se rendit compte qu'elle avait peur de trouver quelqu'un parce que, dans son esprit, cela sonnerait le glas de son indépendance. Il lui restait encore du chemin à faire avant d'accepter de s'installer en couple.

Vos paramètres sont-ils trop restreints ? Si vous pensez que vous avez déjà fait le tour de toutes les personnes qui correspondent à vos critères, alors, oui, ils le sont. Essayez de vous demander ce que vous avez gagné en refusant de vous aventurer en dehors de votre définition du désirable. Vous serez surpris de constater que c'est sans doute un manque de volonté qui vous empêche de revoir certaines de vos exigences.

Il est très facile de mettre votre inaptitude à l'amour sur le compte de circonstances extérieures. Or, le plus souvent, c'est en vous que se cache l'écueil qui freine l'épanouissement de vos relations de cœur. Vous devez donc avoir le courage de vous livrer à une introspection attentive et de mesurer votre désir de vous engager.

Quatrième étape : manifestez vos intentions

L'action de « manifester », c'est donner corps à ce qui n'était jusque-là qu'un sentiment, une émotion, un rêve, un souhait. C'est diriger une intention vers une issue bien précise, afin de la réaliser.

En projetant votre intention dans l'univers, vous créez une impulsion, une énergie dans le but de recevoir exactement ce que vous avez demandé.

Manifester votre idéal requiert aussi une petite touche de magie, mais sans avoir pour cela recours à la sorcellerie ! Il y a des moments où le seul fait d'exprimer votre intention suffit à obtenir des résultats. Cependant, le plus souvent, il vous faudra combiner cette intention avec des efforts tangibles pour parvenir à vos fins. Il arrivera même, parfois, que la combinaison de l'intention et de l'effort ne suffise pas. Dans ce cas, il faudra vous résoudre à utiliser les grands moyens.

Imaginez que vous désiriez changer d'emploi. Alors que vous êtes en train de jouer au tennis avec des amis, l'un d'eux vous annonce qu'il connaît quelqu'un qui cherche une personne correspondant en tout point à votre profil. Voilà ! Vous avez tout simplement exprimé votre souhait de changer de poste et cela a porté ses fruits.

Maintenant, supposons que votre recherche d'un travail soit un peu plus délicate. Vous exprimez de la même façon votre intention, mais, cette fois, en y ajoutant l'effort évoqué plus haut. Vous pouvez commencer par exemple en déclarant à votre entourage que vous cherchez un nouveau job, en consultant les petites annonces et en envoyant votre CV un peu partout. Si quelque chose d'intéressant se présente grâce aux mesures que vous avez prises, alors vous aurez manifesté votre besoin de travail non seulement par votre intention mais aussi par l'effort.

À présent, imaginons que vous cherchiez depuis longtemps et qu'aucun poste ne se soit présenté. Vous continuerez malgré tout à exprimer votre intention et à fournir des efforts, mais il vous faudra désormais passer à la vitesse supérieure : stage de perfectionnement, séances d'orientation, chasseur de têtes, entretiens multiples, etc. – en d'autres termes, vous sortirez l'artillerie lourde !

La méthode est la même en amour. Jodi est le parfait exemple de la personne qui manifeste ses sentiments au travers d'une intention. Lorsqu'elle a déclaré à son amie

Evelyn qu'elle était prête à trouver l'âme sœur, celle-ci lui a répondu qu'elle connaissait quelqu'un de merveilleux… avec qui elle pourrait lui arranger un rendez-vous. Quand Jodi a ouvert sa porte et qu'elle a posé les yeux sur Scott, elle a aussitôt senti le courant passer entre eux. Quelques mois plus tard, ils se mariaient.

Rosemary, elle, a eu besoin de fournir plus d'efforts pour parvenir à ses fins. Elle avait dressé sa liste de critères et tranquillement suggéré à ses amis qu'elle cherchait à faire des rencontres. Voyant qu'aucun candidat ne se présentait spontanément, elle s'est rendue à des soirées où elle a rencontré quelques personnes intéressantes, mais aucun homme n'est vraiment sorti du lot. Au bout d'un an, Rosemary a commencé à perdre patience, mais elle a néanmoins poursuivi ses efforts, jusqu'à ce que Jeff croise son chemin.

Pour Julie, la recherche de l'âme sœur a exigé de recourir aux grands moyens. Son intention puis ses tentatives n'ayant abouti qu'à des rendez-vous décevants, elle a dû passer à la vitesse supérieure. Elle a fait appel à une agence de rencontres tout à fait respectable pour augmenter ses chances. Au bout de quelques mois, elle est partie seule en vacances où elle a fait la connaissance de Brian, qui répondait quasiment à tous les impératifs et les souhaits de sa liste.

Lorsque « manifester » ne suffit pas

Il arrive parfois que surviennent des difficultés ou des erreurs. Si vous répétez le processus de nombreuses fois sans succès, il est plus sage de faire marche arrière et de déterminer où le bât blesse. Je crois sincèrement, de par ma propre expérience, que l'impossible n'existe pas quand il s'agit de concrétiser un objectif qui reste dans le domaine de la réalité. Si vous exprimez haut et fort votre intention et vos efforts, et que le destin s'obstine à ne rien vous proposer, la résistance vient probablement du plus profond de vous-même. Reculez de quelques pas, faites votre introspection, revoyez vos données, évaluez-les objectivement et reformulez-les, si nécessaire.

Lorsque vous aurez choisi en toute conscience d'avoir une relation et que, pour y parvenir, vous en suivrez patiemment les étapes les unes après les autres, les lois de la dynamique seront de votre côté. Votre introspection personnelle et la manifestation de vos efforts vous conduiront vers des partenaires potentiels, et l'un d'entre eux incarnera l'amour authentique.

Règle n° 3
L'amour se construit au fil du temps

*Le passage du « je » au « nous » exige
une mutation de perspective et d'énergie. La formation
d'un couple authentique est un processus évolutif.*

L'évolution de l'amour véritable est un processus qui commence avec la création de la réalité du « nous ». Lorsque deux partenaires échangent leur « je » pour un « nous » plus large, ils modifient leur perception de l'existence. Ce faisant, ils ne se contentent pas d'élargir les frontières de leur vie commune : ils tissent, ils entrelacent leurs fils respectifs pour fabriquer un nouveau tissu.

L'amour vrai s'érige sur des liens puissants et intimes que seuls le temps et l'expérience peuvent forger. Imaginez que vous essayiez de construire une maison sans prendre le temps de vous assurer que planches et pierres sont correctement placées et fixées. Elle pourrait s'édifier en un temps record, mais à quel prix ? Comment dormiriez-vous pendant une nuit d'orage alors que la tempête se déchaîne au-dessus de vos quatre murs montés à la va-vite ?

Il en va de même avec les relations amoureuses. Figurez-vous la vôtre comme une bâtisse que vous érigez, et la création de l'amour comme le travail de maçonnerie indispensable à son achèvement. Si vous tentez de brûler les étapes, vous risquez d'aboutir à un ersatz de couple, mais qui ne sera pas assez sûr pour vous protéger lorsque souffleront les tempêtes de la vie.

Se fier au processus

Former un couple n'a rien de difficile. N'importe qui peut s'associer avec une autre personne et déclarer vivre en couple. C'est le fait de créer une union *authentique* qui constitue un défi. Lequel ne sera gagné qu'en respectant le processus de création de cette union et son évolution naturelle.

Lorsque nous rencontrons un partenaire potentiel, nous pouvons être tenté de précipiter les choses pour parvenir plus vite à l'étape évolutive et nous retrouver presque directement au « plat de résistance ». Cependant, l'amour est une dynamique régie par des lois, et l'une d'elles est précisément qu'il ne supporte pas la précipitation.

Une leçon de patience : Donna et David

Ils se sont rencontrés lors d'une fête chez des amis communs. Leur attirance l'un pour l'autre a été immédiate et, après avoir passé la plus grande partie de la soirée à bavarder avec elle, David a proposé à Donna de se revoir dès le lendemain soir. Elle a accepté avec enthousiasme car c'était l'homme le plus séduisant qu'elle ait jamais connu.

Au moment de partir, la maîtresse de maison, qui était aussi proche de David, prit Donna à part pour la mettre en garde contre le caractère volage du jeune homme. Donna la remercia mais, à peine eut-elle franchi le seuil qu'elle oublia ces conseils de prudence, impatiente d'être déjà au lendemain soir et se demandant quelle tenue elle porterait.

Au terme de leur premier tête-à-tête, David lui déclara qu'elle était la femme de sa vie. Donna était tellement aux anges qu'elle ignora la petite voix intérieure lui suggérant de prendre un peu de recul et d'apprendre à mieux connaître David avant d'aller plus loin. Elle attendait un homme comme lui depuis si longtemps qu'elle ne voulait pas gâcher les choses en appuyant sur la pédale de frein.

Sans plus tarder, Donna et David s'installèrent dans une relation tout à fait exclusive. Pour elle, il était le partenaire parfait. Il correspondait à presque tous ses critères : il était beau, exerçait un métier passionnant, pratiquait la même religion qu'elle, et s'avérait fabuleux au lit. Le reste, pensait-elle, elle l'apprendrait au fil du temps…

Mais les mois passant, Donna découvrit que David n'avait nulle intention de partager avec elle plus que ce qu'il lui avait offert lors des premières semaines de leur relation. De plus en plus frustrée, elle voyait David esquiver toutes ses questions sur ce qu'il pensait de la vie, sur ses rêves, ses espoirs, ses émotions, ses ambitions ou son passé. Chaque fois qu'elle tentait de donner à leur union un sens plus profond, il se refermait comme une huître.

Quelque temps plus tard, fidèle à lui-même, il rompit avec Donna en lui envoyant un e-mail d'adieu avant de disparaître de sa vie. Inutile de préciser que cet abandon a anéanti la jeune femme.

Il lui fallut de nombreux mois pour se remettre de cette déconvenue. Puis, tandis que son chagrin s'estompait, Donna est enfin parvenue à la conclusion que la nature de son amant lui avait échappé. Elle avait brûlé les étapes car elle cherchait désespérément à s'unir à quelqu'un. Comme tant de gens, elle était si fascinée par l'*idée* de l'amour qu'elle n'avait pas pris le temps de s'assurer de sa compatibilité avec David. En conséquence, les seuls liens qui existaient entre eux étaient ceux que ses fantasmes avaient fabriqués.

Avec du recul, Donna a su voir que le fait de passer outre ses appréhensions au sujet de David et de se lancer à corps perdu dans cette relation avait largement contribué à lui briser le cœur.

Quand je lui ai demandé, quelques années plus tard, d'évoquer son expérience, elle a eu un sourire doux-amer et a déclaré que tout le monde pouvait, un jour ou l'autre, commettre ce genre d'erreur. J'étais bien d'accord avec elle. Nous avons une telle soif d'amour que nous laissons parfois la passion et l'espoir éclipser toute raison. Même si nous savons à quel point il est essentiel de connaître quelqu'un avant de lui offrir notre cœur, nous nous ruons sur une relation dans le seul but de voir nos rêves s'accomplir.

La seule façon de se tirer de ce piège est d'apprendre la patience. Si votre désir de tomber amoureux prend le pas sur votre désir d'aimer la bonne personne, vous risquez de vous accrocher aux basques du premier candidat venu, pour, le plus souvent, ressortir affreusement déçu de cette expérience. Vouloir précipiter l'amour est aussi futile que de vouloir précipiter le temps. Ce n'est pas une leçon facile à retenir, mais elle est incontournable.

Fiez-vous donc au rythme naturel d'une relation, dans toute sa complexité et toutes ses étapes. Si vous faites preuve de patience et de persévérance, l'amour saura vous récompenser.

Les phases de l'amour

Les phases de l'amour sont très simples. Il y en a cinq, qui vont de l'instant où vous et votre partenaire faites connaissance, jusqu'à celui ou vous choisissez d'un commun accord de former une nouvelle entité, cette fameuse réalité du « nous ». Dans l'ordre, il y a donc la connexion, la découverte, l'évaluation, l'élaboration de l'intimité et l'engagement.

Phase 1 : la connexion

Elle a lieu quand une alchimie se crée entre deux êtres, quand le courant passe sans contrainte. Les « connexions » amoureuses commencent d'ordinaire par une étincelle – cette attraction chimique et invisible qui pousse deux personnes l'une vers l'autre comme des aimants. Parfois, il y a une impression de déjà-vu, comme si vous vous étiez déjà rencontrés. Cela peut se traduire aussi par une puissante stimulation ou un sentiment d'extrême aisance. Même si elle semble ténue en apparence, cette étincelle initiale est celle qui illumine votre entrée dans le royaume de l'amour.

Beaucoup de gens pensent à une attraction physique quand ils décrivent cet instant de connexion, et il est vrai que l'alchimie qui naît alors est quelquefois très puissante. Lorsque nous rencontrons quelqu'un pour qui nous éprouvons aussitôt une attirance sexuelle, notre cœur se met à battre plus vite, notre corps s'échauffe, notre imagination explose et nous avons soudain l'impression d'être irrésistiblement poussé vers la créature fascinante que nous avons en face de nous.

Cette connexion peut survenir à différents niveaux, souvent en même temps : au niveau mental, quand deux esprits se conjuguent ; au niveau émotionnel, quand deux personnalités se sentent sur la même longueur d'onde ; au niveau spirituel, quand deux âmes vibrent à la même fréquence.

Chaque couple a une histoire à raconter sur sa première rencontre. Barry prétend qu'il savait qu'il allait épouser Camille dès qu'il a posé les yeux sur elle, quand elle lui a ouvert la porte. Rachel et Tom, tous les deux fans de *Star Trek,* évoquent la « fusion » de leur esprit, le soir où ils ont fait connaissance chez un ami commun. Éric et Stéphanie ont passé la soirée entière à rire ensemble lors d'une fête d'Halloween.

La seule chose que l'on puisse assurer à propos de la connexion entre deux êtres, c'est que ces derniers savent à coup sûr quand cela se produit.

Je mettrai cependant un petit bémol : une connexion puissante ne signifie pas que l'on tombe amoureux, ni que l'on est forcément fait l'un pour l'autre. Elle est importante entre deux personnes qui veulent poursuivre une relation, mais elle n'en constitue que le premier pas. Vous pouvez entrer en connexion avec plusieurs personnes au cours de votre existence, mais ce ne sera qu'en franchissant les phases suivantes que vous saurez s'il s'agit bel et bien de l'amour de votre vie.

Phase 2 : la découverte

C'est la phase de l'exploration, celle où l'on apprend à se connaître. Elle se caractérise par des heures passées au téléphone, de longues promenades durant lesquelles on évoque ensemble son enfance, des dîners romantiques où l'on se révèle mutuellement ses rêves et ses désirs secrets. Ce sont les instants où l'on apprend à connaître l'autre, où l'on se découvre et, surtout, où l'on se rapproche.

Cette exploration est importante car c'est à ce moment-là que vous recevez les informations dont vous aurez besoin pour savoir si votre nouveau partenaire vous convient. Si ce processus est bâclé ou suivi en dépit du bon sens – comme dans le cas de Donna et David –, les résultats ne seront pas à la hauteur de vos espérances.

Voir le monde à travers des lunettes roses

Cette phase de découverte est souvent colorée à travers le prisme de l'amour. Alors que vous êtes en train d'apprendre de merveilleuses choses sur votre nouveau partenaire et que vous êtes tout à l'excitation de lui raconter vos pensées les plus secrètes, garder les yeux ouverts et les antennes dressées peut relever du challenge. Bien qu'il puisse être tentant de garder ces lunettes roses sur le bout du nez, n'oubliez pas de les ôter de temps à autre pour ne pas perdre le sens des réalités.

L'importance des petits détails

Profitez de cette phase pour explorer votre partenaire potentiel. Posez-lui des questions et écoutez ses réponses. Il est si facile d'entendre uniquement ce que l'on veut entendre et de passer au-dessus de ce que l'on vous raconte réellement. Soyez attentif à ce qu'il vous dit de lui, afin de vous renseigner sur ses habitudes et son mode de vie. Posez à votre partenaire des questions banales. Où habite-t-il ? Quel profession exerce-t-il ? Quelles sont ses distractions, ses activités ? A-t-il des animaux de compagnie ?

Évoquez ses goûts. Aime-t-il la musique, les voyages, le cinéma ? Est-il fin gourmet ?

Demandez-lui de vous parler de son passé, de sa ville natale, de son enfance, de sa vocation, de sa famille. Cela vous aidera à vous faire une idée de cette personne et des circonstances qui l'ont menée là où elle est.

Observez comment il traite son entourage, que ce soit un serveur, un chauffeur de taxi, un commerçant ou une ouvreuse de cinéma. Étudiez-le avec ses amis. Ces situations fournissent une multitude d'indications sur le comportement d'un individu et sur sa vraie nature.

Se montre-t-il généreux avec vous ? Vous propose-t-il de goûter le plat qu'il a commandé au restaurant ? Vous interrompt-il quand vous parlez ? Les remerciements lui viennent-ils naturellement ? Vous appelle-t-il quand il promet de le faire ?

Cuisinez-le gentiment sur ses espoirs, ses rêves. Ses perspectives d'avenir, ses objectifs intimes vous en apprendront long sur le regard qu'il se porte.

Vous ne devez toutefois pas oublier qu'il s'agit d'une phase de découverte mutuelle. Tandis que vous vous employez à le cerner, vous serez naturellement enclin à vous montrer sous votre meilleur jour – mais veillez à ne pas vous faire passer pour ce que vous n'êtes pas. Par définition, vous dissimuler derrière une façade empêchera toute véritable connexion avec l'être cher. Vous perdrez et votre temps et le sien en l'entraînant sur une fausse piste.

Poser les questions qui fâchent

Un interrogatoire peut paraître étrange et mal venu mais c'est sans doute le seul moyen d'en savoir un peu plus long sur les pensées profondes de votre vis-à-vis. Qui, en effet, a envie de s'attarder sur ses convictions religieuses ou politiques au beau milieu d'un dîner aux chandelles ? Il est naturel d'esquiver de tels sujets et de s'en tenir à des conversations plus sûres, qui ne risqueront pas de ternir une agréable soirée.

Pour vous convaincre de prendre le taureau par les cornes, imaginez que, au lieu de vous installer dans une relation, vous achetiez une voiture. Vous n'opteriez pas d'emblée pour la plus étincelante : vous prendriez plutôt le temps de vous renseigner d'abord sur les capacités, les options et le prix du véhicule qui vous semble le mieux adapté à vos besoins. Si l'on met autant de soin à acheter une auto, pourquoi tant de gens négligent-ils d'interroger de la même façon un partenaire éventuel quand ils parlent de s'installer ensemble ?

Les questions « qui fâchent » ont le mérite de mettre à plat les points de friction éventuels, et de les écarter une bonne fois pour toutes, afin de vous épargner bien des déceptions ou de désagréables découvertes.

Ces questions délicates peuvent toucher aussi bien la religion que la santé, notamment dans le cas des MST, ou les finances. Leah avait négligé de dire à Billy qu'elle avait contracté un emprunt auprès de sa banque pour financer ses études, emprunt qu'elle continuait de rembourser. Lorsque, une fois marié, Billy a appris de quelle « dette » il venait d'hériter en passant la bague au doigt de Leah, il en a beaucoup voulu à celle-ci de ne pas s'être montrée franche.

Autre sujet épineux que l'on évite souvent d'aborder au début d'une relation : les enfants. Par exemple, Wendy savait qu'elle désirait en avoir au moins deux. Lorsqu'elle a rencontré Hugh, il lui a paru un peu précipité de lui demander tout de suite son avis sur le sujet. Aussi a-t-elle simplement supposé qu'il aimerait avoir des enfants un jour, d'autant qu'il parlait souvent avec bonheur de sa petite nièce de deux ans.

Quand, six mois après le début de leur relation, ils ont fini par évoquer ce sujet, Wendy a eu la désagréable surprise d'entendre Hugh déclarer qu'il ne voulait pas être père, car il ne se sentait pas prêt à prendre ce genre de responsabilités. Profondément déçue, Wendy comprit qu'elle devait mettre fin à cette relation au plus vite.

Il existe bien sûr de multiples façons de poser des questions délicates sans prendre des airs de Torquemada. Par exemple, si vous voulez connaître les opinions politiques de votre partenaire, vous pouvez évoquer les prochaines élections ou un article que vous venez de lire dans le journal.

Ou, si vous préférez, vous pouvez entrer directement dans le vif du sujet, en lui posant la question avec douceur, nonchalance, sans laisser entendre que vous attendez une réponse qui portera à conséquence. Pour ce qui est de Wendy, elle aurait pu dire quelque chose du genre : « Tu sembles adorer ta petite nièce ; tu aurais envie, toi aussi, d'avoir des enfants ? » Si vous choisissez d'aborder le problème ainsi, soyez attentif au ton que vous employez.

Quant à Billy, il aurait pu évoquer la question d'argent avant d'épouser Leah, et lui dire ceci, par exemple : « Je sais que c'est un peu gênant mais il faudrait peut-être qu'on fasse le point sur nos revenus. » Ainsi, il aurait convolé en pleine connaissance de cause.

Bien sûr, certaines questions délicates amèneront des réponses que l'on préfèrerait ne pas entendre. Personne ne souhaite découvrir que son nouvel amour a des valeurs opposées aux siennes, ou qu'il cache des squelettes dans le placard. Cependant, vous aurez toutes les données en main et vous pourrez choisir en votre âme et conscience d'avancer. Les non-dits peuvent vous protéger contre ce que vous n'avez pas envie de savoir, mais ils ont aussi l'inconvénient de vous empêcher de découvrir des vérités essentielles sur votre partenaire.

Phase 3 : l'évaluatoion

Supposons que vous et l'élu de votre cœur avez franchi avec succès la phase de l'exploration et décidé d'aller plus loin dans votre relation. Vous entrez maintenant dans ce que j'appellerais la phase du « ça passe ou ça casse », celle des évaluations. Ayant réuni les informations dont vous aviez besoin, vous pouvez les étaler devant vous afin de décider si vous et votre partenaire formez un couple compatible, peser le pour et le contre de votre union.

J'admets que cette démarche paraît analytique et un peu brutale, mais fonder un couple solide demande que l'on pense avec un esprit rationnel, affranchi des premiers émois. Il est facile d'évaluer votre partenaire lorsque vous êtes encore sous le choc du coup de foudre : tout ce qu'il fait est merveilleux ! Pourtant, il vous faut vous tourner vers l'avenir et envisager ce que sera votre union quand la routine s'instaurera.

J'ai vu trop de gens jeter leur dévolu sur un partenaire en se basant sur des qualités susceptibles de changer avec les années – le physique, l'argent, la profession, les prouesses sexuelles, etc. – pour se rendre compte que leur relation s'effondrait dès que l'un de ces critères disparaissait.

Si, par exemple, une union repose sur des activités communes et que celles-ci cessent soudainement, que se passe-t-il ? Deux personnes qui s'installent ensemble parce qu'elles adorent le ski doivent être capables de s'apprécier sur un autre plan le printemps venu. Si l'amour n'était dû qu'à l'attirance physique et qu'un accident ou que la vieillesse changeaient cela, que resterait-il ? Qu'arrive-t-il à un couple dont les liens reposent sur une grande aisance financière quand survient un krach boursier ?

Évaluer votre partenaire à l'aune de paramètres éphémères peut se révéler extrêmement périlleux.

Revoir vos critères

Si vous avez dressé une liste de critères, il est temps de la ressortir du tiroir où vous l'avez rangée et de la revoir afin d'évaluer la façon dont votre partenaire s'en approche. Idéalement, cette personne correspond à ce que vous recherchiez, elle possède la majorité des qualités que vous avez inscrites dans vos « impératifs » et dans vos « souhaits », et n'a, bien sûr, aucun des « défauts rédhibitoires » que vous avez couchés sur le papier.

Si vous n'avez pas fait de liste, il vous faudra jeter un regard objectif sur l'élu de votre cœur et le couple que vous formez afin d'évaluer ce qui va, ce qui ne va pas, et ce que vous pouvez ou non supporter. D'une manière ou d'une autre, ce processus exige une bonne dose de recul.

Si votre partenaire a un défaut qui vous semblait inacceptable ou ne possède aucune des qualités que vous avez énumérées, vous vous trouverez face à une alternative : soit mettre un terme à votre relation, soit réévaluer la validité de vos critères.

Par exemple, imaginons que l'un de vos impératifs stipule que la personne de vos rêves aime voyager, et que celle que vous rencontrez vous fasse comprendre qu'elle ne déteste pas cela mais qu'elle est plutôt casanière. Il vous faudra soit la quitter, soit vous demander si tirer un trait sur votre passion est dramatique.

Un petit conseil de prudence, cependant : il est tentant d'abandonner l'un de vos critères lorsque vous vous trouvez confronté au choix de rompre avec votre partenaire. Souvent, l'idée de l'amour ou de la vie à deux nous obnubile tant que nous sommes prêts à ignorer ce qui peut ne pas marcher. Nous nous persuadons alors que notre radar interne se trompe ou que l'autre finira par changer avec le temps. Pourtant, plus vous resterez fidèle à vous-même et à vos exigences, plus vous serez heureux à long terme. Une petite dénégation aujourd'hui peut vous causer une grande déception demain.

Renier vos vérités

Annabel, cinquante-trois ans, était professeur de littérature dans une grande université. Elle adorait lire et débattre avec ses élèves ou ses confrères, et ses critères pour un partenaire idéal exigeaient un niveau minimum d'intelligence et de culture. Lorsqu'elle rencontra Carl, un homme qui n'avait pour tout bagage que son baccalauréat, l'attirance fut immédiate, excepté du point de vue intellectuel. Ce qui la plaça bien évidemment devant un dilemme crucial.

D'un côté, Annabel voulait que sa relation avec Carl s'approfondisse car il la faisait rire et ajoutait beaucoup de fantaisie et de jeunesse à sa vie. Et puis, en secret, elle se sentait vieillir et savait que l'occasion de trouver un partenaire se raréfiait. D'un autre côté, chaque fois qu'elle tentait de discuter avec Carl à propos d'un article qu'elle avait lu ou d'un cours qu'elle venait de donner, elle était agacée de voir le peu d'intérêt qu'il manifestait ou le manque de profondeur de ses réponses. Elle se mit donc en devoir de réévaluer ses « impératifs » et finit par se convaincre qu'elle pouvait se passer de stimulation intellectuelle. Ravalant son orgueil, elle se résolut à accepter les carences de Carl et son manque de culture.

Sans surprise, son plan finit par échouer. Comme elle le découvrit au fil des jours, un « impératif » est un critère difficile à oublier. Peu à peu, son attirance pour Carl s'étiola, tout simplement parce qu'il lui manquait cette étincelle indispensable pour entretenir la flamme de son amour. Malgré tout le chagrin que cela lui causa, elle admit que Carl et elle-même n'étaient pas faits l'un pour l'autre.

Faire confiance à votre instinct

L'évaluation se complique lorsque la personne de votre choix possède quelques-unes des qualités souhaitées. Brooke, par exemple, photographe indépendante à l'esprit aventurier, avait écrit sur sa liste de souhaits qu'elle désirait trouver un homme féru de voyages et avide de nouvelles expériences exotiques. L'élu de son cœur, Phil, correspondait à presque tous ses critères, excepté celui-ci. Amoureux de sport… sur petit écran, il adorait rester chez lui à regarder la télévision. Il préférait les hamburgers et les frites aux fruits exotiques et ne raffolait pas de coucher ailleurs que dans son lit.

Brooke l'aimait cependant parce qu'il était gentil, la respectait et partageait ses idées sur la famille, mais elle ne savait pas si elle était prête à s'engager avec un homme peu désireux de parcourir le monde avec elle. Ayant l'impression d'étouffer et de tourner en rond, elle est venue me trouver pour essayer de clarifier leur situation commune.

J'ai expliqué à Brooke que l'on doit écouter son instinct. Même si tous les conseils qui nous viennent de l'extérieur sont loin d'être inutiles, c'est notre radar interne qui, au bout du compte, nous aide à nous décider. Il ne faut surtout pas négliger de sonder notre cœur et notre esprit.

Vous pouvez dresser une liste objective du pour et du contre de votre relation, ce qui simplifiera les données du problème. Vous pouvez aussi tenter d'envisager ce que sera votre vie ensemble dans un, cinq, dix ou cinquante ans. Aimez-vous ce que vous voyez ? Que ressentez-vous devant cette vision de votre avenir ? Les réponses à ces questions amèneront automatiquement un message à la surface de votre conscience.

Vous pouvez également vous poser à vous-même la question « qui fâche ». Est-ce bien l'être avec qui je voudrais passer le reste de ma vie ? Est-ce que je fais un choix basé sur ce que je veux vraiment ou sur ce je que crois vouloir ? Est-ce que je mets une croix sur mes rêves ou est-ce que je fais un choix raisonnable sur ce qui est bon pour moi ? Est-ce que j'essaie d'étouffer la vérité qui est en moi par besoin de sécurité ?

Cet exercice a pour objectif de créer autant de certitudes possibles dans votre esprit et votre cœur afin que vous vous sentiez confiant et à l'aise par rapport à votre choix.

Phase 4 : l'élaboration de l'intimité

Si votre évaluation vous a conduit à conclure que vous désirez poursuivre votre relation, vous et votre partenaire êtes alors prêts à passer à la phase suivante : tisser les liens qui forgeront votre intimité et créer ce fameux « nous ». Un « nous » qui ne peut se construire que lorsque les deux personnes concernées ont approfondi la connaissance qu'elles ont l'une de l'autre.

L'intimité, c'est le niveau que vous atteignez lorsque chacun peut s'en remettre entièrement à l'autre, et être aussi totalement disponible. L'intimité vous permet de vous montrer vulnérable et, en même temps, d'assurer à l'être cher qu'il peut se confier à vous en toute liberté. C'est l'un des éléments les plus tendres d'une relation : être capable d'achever la phrase de l'autre, deviner ce qu'il pense, comprendre parfaitement son cheminement mental, se sentir sur la même longueur d'onde.

Si vous et l'élu de votre cœur parvenez à un tel niveau d'intimité, vous pouvez vous côtoyer sans avoir à parler ou à meubler chaque instant par une activité quelconque.

Vous pouvez sentir la paix qui vous unit, et partager ces moments merveilleux où deux êtres sont en symbiose, se sentent en accord jusqu'au plus profond d'eux-mêmes.

Mais, avant d'atteindre cet exceptionnel niveau d'entente, chacun de vous vit encore dans un monde séparé. Un monde défini par vos réalités individuelles. Afin de connecter celles-ci, vous devez savoir ce que votre partenaire ressent, et vice-versa. Il vous faut alors partager vos pensées, vos sentiments, vos joies, vos craintes, vos rêves, vos chagrins et vos plaisirs afin de pouvoir créer ces liens indispensables à l'intimité.

Imaginez que ceux-ci soient des fils de pêche tendus d'une personne à l'autre. Plus vous tendez de fils, plus fort sera le lien. Quand votre partenaire vous avoue qu'il rêve de devenir pilote, une nouvelle ligne est tendue. Quand il se précipite sur son téléphone pour vous annoncer la promotion qu'il vient de se voir offrir, une autre ligne est tendue. Quand il vous fait part de sa colère parce que son frère ne rend jamais visite à ses parents, c'est une autre ligne qui vient renforcer ce lien. Et ainsi de suite.

Lorsque vous avez établi de nombreux liens, ils sont assez solides pour soutenir un pont entre vos deux réalités. Imaginez des centaines ou des milliers de fils réunissant ainsi deux personnes. Plus vous construisez de ponts, plus profonde sera la confiance entre vous, et plus vous approcherez chacun de cette connexion divine que l'on appelle l'intimité.

Avec quels outils fonder l'intimité

Alors que la connexion et l'alchimie jouent un rôle crucial dans l'élaboration de l'intimité, vous et votre partenaire pouvez aussi renforcer vos liens en utilisant une méthode et des outils spécifiques.

La méthode principale sera simplement d'ouvrir la porte pour permettre à l'autre de voir à travers vous, de savoir qui vous êtes vraiment, dans toutes vos dimensions. En dévoilant vos vérités les plus secrètes – y compris celles dont vous n'êtes pas forcément fier –, vous offrez à l'être cher l'occasion de découvrir votre facette la plus humaine. Exposer vos inquiétudes, vos jalousies, certains faits de votre passé que vous aimeriez plutôt oublier vous découvre sous votre jour le plus vulnérable et invite votre partenaire à vous accepter tel que vous êtes.

Partager espoirs, souhaits et rêves crée des liens très puissants entre deux personnes. Comme des amis d'enfance qui se susurrent des secrets dans l'ombre, deux partenaires peuvent partager leurs désirs les plus cachés et approfondir ainsi leur confiance mutuelle. Révéler des pensées intimes laisse pénétrer l'être cher dans le tréfonds de votre monde et lui apprend qu'il devient ainsi un confident de valeur.

La retenue érige des murs entre vous, les révélations construisent des ponts. Lorsque vous vous êtes tranquillement allongé auprès de votre partenaire et que vous écoutez les battements de son cœur et le rythme régulier de son souffle, vous ne faites rien d'autre que vous connecter à lui.

Et vous donnez naissance à ce « nous » autour duquel s'articulera votre vie.

Phase 5 : l'engagement

C'est le passage du « je *pense* que je désire cette relation » à « je *sais* que je désire cette relation ». C'est le moment où vous sautez de l'incertitude à la certitude, de l'hésitation à l'action et du « peut-être » au « oui ». Et cela se produit quand l'évaluation a cédé la place à la conviction.

Ce n'est pas parce que vous vous engagez que vous n'avez plus peur, ni que vous êtes certain à cent pour cent de vous apprêter à faire le bon mouvement. Cela veut simplement dire qu'une assez grande part de vous-même croit que ce que vous entreprenez est bien, tandis que le reste de vous accepte le risque de se tromper. L'engagement signifie que vous mettez tous vos œufs dans le même panier et que vous vous lancez dans l'aventure.

Allie et Dirk se fréquentaient depuis un an quand il a dû être hospitalisé pour subir une opération, légère mais assez compliquée. Jusque-là, ils avaient eu beaucoup de bonheur à approfondir leur intimité et à se découvrir et s'évaluer mutuellement. Allie sentait qu'elle était près d'oublier toutes ses hésitations à propos de leur couple.

Quand elle vit Dirk dans la salle de réanimation, relié à toutes sortes de tuyaux et de machines, elle fut submergée par une vague d'amour et pensa : « Je veux prendre soin de lui jusqu'à la fin de mes jours. » Soudain, elle comprit qu'un profond changement était intervenu en elle, qu'elle avait fait le pas en avant, et elle en était bouleversée. Elle venait de s'engager de toute son âme envers Dirk.

Bien sûr, un engagement est indispensable entre deux êtres, s'ils veulent que leur relation perdure. Si une personne fait ce pas en avant et que l'autre ne bouge pas, leur union pourra supporter ce déséquilibre un certain temps mais, très vite, l'impatience et la rancune viendront s'immiscer entre eux. Fort heureusement, Dirk a éprouvé les mêmes sentiments qu'Allie, et ils vivent aujourd'hui une relation parfaitement harmonieuse.

La crainte de s'engager

Si certaines personnes reculent devant l'engagement, c'est parce qu'elles ont peur de se tromper. Elles ont peut-être un passé lourd d'erreurs qu'elles ne cessent de se reprocher. Si elles pensent : « Je n'aurais jamais dû aller si loin avec lui » ou « C'était la plus grosse erreur de ma vie », il y a beaucoup de chances pour qu'elles éprouvent des réticences à la perspective de s'engager de nouveau.

Avant de pouvoir se lancer dans une relation, ces personnes doivent s'absoudre de leurs fautes et guérir de leurs blessures. Nul ne peut le faire à leur place. Elles risqueront de mettre votre patience à rude épreuve, aussi vous faudra-t-il décider si vous êtes disposé à leur accorder du temps.

Si c'est vous qui, malgré toute votre volonté, êtes incapable de passer du « peut-être » au « oui », ce sera à vous, bien entendu, de vous soigner seul. Il vous faudra procéder à une introspection. Est-ce la peur qui vous retient ? L'examen de cette peur vous permettra de savoir quel travail de guérison vous aurez à entreprendre.

Certaines personnes veulent avoir la garantie qu'elles font le bon choix. Or l'engagement comprend une certaine prise de risque. Comme il n'y a aucune garantie de réussite, le mieux est de fouiller au plus profond de votre cœur ; s'il vous assure que vous avez raison, alors il faut vous tenir prêt à sauter dans le vide.

Une relation sur mesure

Lorsque vous aurez trouvé le partenaire idéal et que vous vous serez engagé l'un vis-à-vis de l'autre, vous penserez peut-être que le travail est terminé. En réalité, il n'aura fait que commencer. Quand bien même aurez-vous engendré un « nous » de cœur, il vous restera à enclencher une dynamique. Autrement dit, après avoir posé ensemble les bases d'une solide charpente émotionnelle, établissez une complicité entre vous, une compréhension mutuelle afin d'assurer la longévité de votre couple. Une connexion entre vos deux cœurs et vos deux esprits vous soutiendra sûrement, mais c'est la dynamique de votre association qui déterminera la qualité de votre expérience à deux.

Pourquoi la moitié des unions se terminent-elles par un divorce ? C'est parce que les partenaires n'ont pas pris la peine de faire évoluer l'entente qui les a menés jusqu'à l'autel. Les gens se rencontrent, tombent amoureux, échangent leurs rêves et leurs ambitions, font quelques projets puis se marient. Plus tard, ils découvrent ce qu'ils ignoraient : pourquoi ils se sont épousés et ce que chacun attend de l'autre. Ils prennent rarement le temps de répartir les rôles et les responsabilités. Un beau jour, l'un ou l'autre se réveille et s'aperçoit qu'il est enferré dans une union dépourvue de consistance, aucun point d'ancrage auquel se raccrocher.

Définir des accords

Pour concevoir une relation au goût de chacun, commencez par vous accorder sur la façon dont vous communiquerez. Cela constituera le ciment qui vous maintiendra soudés lorsqu'une mésentente ou d'autres circonstances menaceront de vous séparer.

Il y a cependant un temps pour établir ces accords entre vous. Si vous en parlez trop tôt, cela peut effrayer l'un ou l'autre. Si vous en parlez trop tard, vous pouvez avoir pris des habitudes et suivi des règles difficiles à modifier. Le meilleur moment pour instaurer ces accords sera l'instant où vous vous engagerez vis-à-vis de l'autre et de votre relation.

Dans certaines religions, les fiancés signent un contrat qui n'est rien d'autre qu'un accord stipulant la manière dont ils vont se traiter l'un l'autre, et dont ils vont gérer leur mariage.

Le fait d'établir un accord de ce genre n'est pas inutile car il peut servir de plan de conduite à une relation. Qu'il soit oral ou écrit n'a pas grande importance. Ce qui compte, c'est que vous preniez le temps de concevoir votre union. Je recommande aux couples de coucher leurs accords sur papier, car le seul fait d'écrire les mots leur donne une réalité tangible. Ce « plan » vous servira de guide et de bouée de sauvetage quand vous vous sentirez submergés par les épreuves inévitables de la vie.

Si le terme de contrat vous paraît intimidant ou trop calculateur, ne vous laissez pas impressionner. Discutez tranquillement de vos intentions réciproques et posez-vous quelques questions simples sur le but de votre union, ce que vous comptez être l'un pour l'autre, le soin que vous porterez chacun à votre relation, etc.

Vous pouvez dresser la liste des promesses que vous vous ferez mutuellement. Par exemple : « Nous promettons de nous dire la vérité, de ne rien nous cacher, de rester à l'écoute l'un de l'autre, de prendre soin l'un de l'autre, de nous confier l'un à l'autre, etc. » Ou vous pouvez tout simplement vous faire ces promesses oralement.

Vous pouvez aussi inclure quelques règles sur la manière dont vous communiquerez, spécialement lors d'un désaccord. Par exemple : ne pas interrompre l'autre, ne pas quitter la pièce parce qu'on est en colère, ne pas l'agresser, ne pas l'insulter, ne pas élever la voix ou, pire encore, ne pas en venir aux mains.

Enfin, il vous faudra gérer les hauts et les bas, les coups durs de la vie. Comment encaisserez-vous ensemble les drames qui pourront arriver ? Comment comptez-vous faire face à l'adversité ? Comment fêterez-vous les succès et les événements heureux ? L'existence prend parfois des airs de montagnes russes, et ces accords vous protégeront comme une ceinture de sécurité.

Si vous décidez de les écrire sur papier, une fois que vous en aurez précisé tous les détails, il serait bon de signer tous les deux ce document et de le conserver en lieu sûr. Vous pourrez avoir envie de le revoir et de le modifier chaque année, par exemple, ce qui serait une bonne façon de vous en rappeler les termes et de rester en phase avec le but de votre union.

Répartir les rôles et les responsabilités

Dans toute relation, les rôles et les responsabilités se distribuent d'eux-mêmes, que vous les ayez consciemment assignés ou non. Souvent, les deux partenaires s'octroient d'office les tâches qui leur vont le mieux, et il ne leur paraît même pas utile d'en discuter. Il arrive aussi que l'un des deux ait l'impression de tout faire, ou que certaines choses restent en suspens parce que chacun croyait que l'autre s'en chargeait. Si les tâches ne sont pas réparties d'avance, chacun choisira celle qui lui déplaît le moins, ce qui conduira inévitablement à des désaccords voire à des disputes.

Le partage des rôles et des responsabilités participe à la bonne santé de votre relation. Ils peuvent concerner des sujets tels que la gestion des finances, la préparation des repas, les réparations diverses dans la maison, la conduite durant les longs trajets, la promenade du chien, etc. Ils peuvent aussi inclure des décisions telles que celle de donner une soirée ou de recevoir des amis, de projeter les vacances, d'organiser les sorties en amoureux ; ou encore de savoir qui va soutenir l'autre pendant les périodes de crise, ou qui va prendre un congé parental.

Même si cette distribution des rôles et des responsabilités semble manquer de romantisme, elle est indispensable à la bonne marche d'une relation. Au cœur de celle-ci, il y a votre association : l'entité créée par vos efforts combinés. Cette association est maintenue en équilibre par une répartition équitable des tâches et des efforts, qui doit être négociée et établie de façon juste. Comment, en effet, profiter des merveilleux cadeaux de l'amour si vous et votre partenaire passez votre temps à vous quereller à propos de broutilles quotidiennes ?

Si nul ne sait qui est responsable de quoi dans une entreprise, celle-ci a toutes les chances de faire faillite. Il en va de même pour le ménage ; aussi contraignante qu'elle puisse paraître, la délégation des rôles a son importance.

Créer l'amour est un processus qui requiert patience, ressources et habileté. Lorsque vous accomplissez les efforts nécessaires et que vous prenez la peine de vous projeter un tant soit peu dans le futur, vous invitez l'amour à entrer chez vous et lui laissez la place de grandir. En laissant l'amour évoluer naturellement, vous bâtissez des fondations solides, qui sauront résister à l'épreuve du temps.

Règle n° 4
Une relation offre de multiples occasions de progresser

Votre couple est une « école de vie ».
Elle vous apprend comment avancer à deux
sur les sentiers de l'existence.

Une relation peut avoir un profond impact sur votre personnalité car le seul fait de la vivre vous laisse entrevoir les recoins les plus cachés de votre esprit, lève le voile sur vos désirs, vos besoins et illumine le sentier de vos émotions. L'effet le plus puissant qu'elle aura sans doute sur vous sera de vous aider à évoluer en tant qu'être humain.

Une relation, quelle qu'elle soit, ajoute de la qualité non seulement à notre vie mais aussi à notre moi profond. Elle ouvre notre horizon et agrandit nos perspectives, augmente la conscience que nous avons de nos capacités, accroît nos ressources et nous aide à surmonter les défis que nous lance l'existence. L'énergie que produit en nous une véritable union nous pousse à évoluer, nous renforce, nous rend plus sage.

La présence de l'être aimé vous offre toutes sortes de nouvelles possibilités. Elle peut ouvrir des portes dont vous ignoriez tout, vous présenter des options que vous n'aviez jamais considérées. Votre relation vous aide à résoudre des problèmes personnels, étend vos frontières et vous apprend à communiquer à un plus vaste niveau. L'être cher devient votre partenaire dans un processus d'évolution, comme vous le devenez pour lui, et c'est ensemble que vous marchez sur les chemins de la vie, qu'ils soient semés d'embûches ou d'heureuses découvertes.

S'ouvrir à d'autres horizons

Chaque individu a ses particularités, qui font de lui un être unique : ses connaissances, ses intérêts personnels, ses dons, ses passions et son expérience. Lorsque deux personnes se mettent en couple, chacune apporte ce bagage avec elle. Une relation offre aux deux partenaires l'occasion de partager ces caractéristiques, qu'ils utiliseront comme de précieux dons.

Lorsque Sarah a rencontré Benji, elle n'était pas spécialement sportive. Jamais elle n'avait eu l'occasion de partir en randonnée, de pêcher ou de s'adonner à des activités de plein air car personne dans sa famille ne s'y intéressait. C'était une fille de la ville, qui ne pratiquait la marche à pied que lorsqu'une tempête de neige l'empêchait de prendre sa voiture. Benji, de son côté, avait fréquenté les scouts jusqu'à l'âge de dix-huit ans et, depuis, passait son temps à camper pour satisfaire son amour de la nature. Il s'employa à convaincre Sarah de partir pour une balade de trois jours, de faire du rafting, dormir sous la tente et préparer la cuisine au feu de bois. N'ayant jamais connu ce genre d'expérience, elle a d'abord hésité puis a accepté de faire confiance à son compagnon.

De retour chez elle, Sarah a répété à qui voulait l'entendre qu'elle avait passé avec Benji les trois jours les plus merveilleux de sa vie. Il lui avait appris à monter une tente, à faire du feu, à lire l'heure d'après la position du soleil et à repérer son chemin de façon à retrouver le campement si elle se perdait. Elle a appréhendé cette aventure avec entrain et bonne humeur et, à la fin de son séjour, s'est sentie complètement « accro ». Benji lui a transmis son amour de la vie au grand air et, depuis, ils partagent ensemble cette passion.

En me racontant cette histoire, Sarah s'est rendu compte que ses perspectives avaient déjà été élargies par plusieurs de ses partenaires. Elle s'est souvenue de Paul, qui lui avait fait connaître les chansons de Bob Dylan ; de Michael, qui lui avait appris à gérer ses finances ; de Christopher, qui l'avait emmenée dans la ferme de sa famille, en Irlande, et lui avait fait découvrir un monde qu'elle ignorait ; et de Peter, l'artiste qui l'avait initiée à la poterie, ce qui, d'ailleurs, est resté un de ses passe-temps favoris.

La personne que vous aimez a beaucoup à vous apprendre. Vivre avec elle vous procure l'avantage de vous familiariser avec ses passions et de tirer parti de son expérience. Cela double l'étendue de vos connaissances personnelles.

Élargir ses limites

Une relation, par définition, vous incitera à repousser vos frontières personnelles, à aller au-delà de la zone qui vous est familière. Jusqu'à ce que vous et l'élu de votre cœur ayez formé une union, vous étiez capable d'agir à l'intérieur de votre propre terrain physique, émotionnel, mental et spirituel. Parfois, quand la vie l'exigeait, il vous arrivait de vous aventurer de l'autre côté mais, à moins d'être obsédé par le besoin de vous dépasser, vous restiez à l'intérieur de cette zone de confort.

La présence de l'autre change forcément tout cela, en ce sens qu'il arrive dans cette relation avec des besoins et des désirs qui exigent de votre part de dépasser vos propres limites. Cela peut se manifester à n'importe quel moment, comme, par exemple, lorsque Penny, une jeune femme plutôt casanière, s'est vue obligée d'élargir son espace en s'installant avec Warren, un homme assez extraverti et entouré de nombreux amis.

Elle me raconta que, les premiers jours de leur relation, quand il lui a proposé de sortir avec lui et cinq couples d'amis pour un match de base-ball, elle a eu peur d'accepter. Elle craignait en effet de voir Warren l'abandonner pour faire la fête avec ses copains, tandis qu'elle se retrouvait seule avec cinq femmes à qui elle n'avait rien à dire. Heureusement, Penny a d'abord pris conseil auprès de sa thérapeute, une personne très avisée, qui lui a expliqué l'intérêt qu'il y avait à s'aventurer au-delà de sa zone de confort. Elle s'est finalement rendue à ce match et, à son grand soulagement, les autres femmes ont tout fait ce soir-là pour la mettre à l'aise.

Le besoin de dépasser ses limites peut se manifester dans toutes sortes de circonstances. Harris, un cardiologue qui croyait dur comme fer à la médecine allopathique, tomba amoureux de Judy, une guérisseuse pratiquant l'imposition des mains.

Une relation quelle qu'elle soit exige un certain nombre de concessions. Vous et votre partenaire devrez négocier pour savoir qui a besoin de quoi et à quel moment. Tandis que vous progresserez ensemble au travers de votre vie en couple, il vous faudra apprendre à agrandir vos zones respectives de confort, lorsque le bien-être de votre union l'exigera. Cette extension de vos limites pourra parfois vous sembler difficile mais, en fin de compte, cela ne sera pas plus pénible que l'évolution dont nous avons parlé un peu plus tôt.

Se soutenir l'un l'autre

Il y a quelques années, mon mari et moi avons fait un voyage en Afrique du Sud. Nous avons visité une mine de diamants et, alors que nous nous apprêtions à monter dans la cabine à ciel ouvert qui devait nous descendre à sept cents mètres de profondeur, je me suis figée, pétrifiée par la peur. Un seul regard vers le bas avait suffi à me convaincre qu'il me serait impossible de m'enfoncer ainsi dans les entrailles de la terre. J'ai eu juste assez de souffle pour murmurer :

– Tu y vas seul, chéri. Moi, je reste ici.

À cet instant, j'avais atteint les limites de ma zone de confort. Je ne pouvais me résoudre à mettre un pied sur ce monte-charge. Mon mari a alors eu une réaction très simple. Il m'a pris la main et m'a dit :

– Je suis avec toi. Tout ira bien, je reste à tes côtés.

Je l'ai regardé droit dans les yeux puis j'ai laissé agir sur moi son soutien moral, qui m'a finalement aidée à franchir les quelques centimètres qui m'horrifiaient tant.

L'appui de votre partenaire peut vous mener vers de nouvelles hauteurs (ou profondeurs !). Il peut être le pilier qui vous soutient lorsque vous vous sentez faible, ou le vent qui déploiera vos ailes. En retour, vous aussi pouvez être le bâton sur lequel il prendra appui, et lui donner la volonté de dépasser ses limites. N'est-ce pas là l'essence même d'une relation ? Être là pour l'autre ?

Le soutien peut se traduire de nombreuses façons. Vous pouvez, par exemple, soutenir votre partenaire quand il doute, en lui rappelant tout ce qu'il a déjà accompli. Quand Lori s'est retrouvée face à une date butoir difficile à respecter, elle a paniqué. Stefan lui a fait alors dresser la liste de tous les projets qu'elle avait su mener à bien, en temps et en heure, afin de rétablir sa confiance en elle et en ses possibilités.

Quelques mois plus tard, connaissant des difficultés dans son travail, Stefan s'est lancé à la recherche d'un nouvel emploi. Lorsqu'il a commencé à montrer des signes de découragement, c'est Lori qui l'a aidé à remonter la pente en lui répétant qu'elle était certaine de le voir trouver bientôt le poste qu'il désirait.

Imaginons que votre partenaire rêve d'écrire un roman. Pour le soutenir dans son projet, vous pourrez peut-être aménager pour lui la chambre d'amis de votre maison, afin qu'elle lui serve de bureau où il pourra travailler en toute tranquillité, et vous pourrez aussi lui acheter quelques livres sur l'écriture et l'édition. Ces petits gestes exprimeront en silence le soutien que vous portez à son rêve littéraire.

De la même manière, votre relation peut procurer à votre couple l'occasion de vous soutenir l'un l'autre, et vous aider à dépasser vos limites respectives pour vous aventurer vers des contrées passionnantes. L'appui d'un être cher peut constituer un moteur puissant dans votre processus personnel d'évolution.

Soutenir sans contrôler

Il existe toutefois un danger au fait de donner son appui à quelqu'un, car cela peut virer à une forme de contrôle. Ne perdez pas de vue que votre objectif est d'aider votre partenaire, pas de vous substituer à lui ou de régir ses réactions. Si le fait de résoudre ses problèmes devient plus important pour vous que pour lui, vous finirez par trop lui faciliter la tâche, et étoufferez son processus d'évolution.

La clé pour trouver ce juste équilibre est de garder un minimum de détachement à l'endroit des problèmes personnels de chacun.

Éclairer et soigner

Nous avons tous des problèmes. Même les gens les plus sains et les plus heureux se posent des questions ou ont besoin d'évoluer. La plupart de ces problèmes nous viennent de l'enfance et nous poursuivent jusqu'à ce que nous réussissions à les maîtriser. Ils sont autant de leçons à assimiler, qui seront répétées jusqu'à ce qu'elles soient parfaitement sues.

Les problèmes ne surgissent jamais aussi vite ou aussi fort que dans le cadre d'une relation amoureuse. Votre union agit comme un coup de projecteur sur les zones cachées de votre personnalité qui ont besoin d'être « soignées ». Et votre partenaire, tel un miroir, reflète ces zones. Lorsque vous considérez vos problèmes à travers les yeux de votre partenaire et dans le contexte de votre relation, vous vous donnez l'opportunité de les guérir.

J'ai toujours été intriguée par la façon dont nous sommes attirés par ceux qui incarnent précisément les problèmes auxquels nous devons faire face. Clara, qui craignait en permanence de se voir abandonnée, ne fréquentait que des hommes qui, du jour au lendemain, disparaissaient dans la nature. John, assez timide et introverti, a trouvé le moyen de tomber fou amoureux d'Isabelle, une femme quasiment despotique. Elena, elle, n'a rien fait de mieux que d'épouser José, qui avait le même caractère autoritaire que son père.

Cela s'explique par le fait que, inconsciemment, ces personnes ont besoin de recréer autour d'elles la source de leurs problèmes, afin de se donner l'occasion de les résoudre. Ces problèmes sont ceux que peut ressentir n'importe quel être humain normalement constitué : la peur, l'abus de contrôle, ses propres limites que l'on dépasse.

La peur

La peur est un manque de confiance. Lorsqu'elle se manifeste, la base de votre relation est sapée parce que la peur et la confiance ne peuvent pas coexister. Puisque la confiance est indispensable à une relation, il est impératif d'analyser et de chasser les craintes que vous pouvez ressentir à l'idée de vous mettre en couple, cela afin de vivre en harmonie et sans aucune réserve avec l'autre.

La peur d'emménager avec un partenaire vient souvent de l'idée que l'on se fait de la promiscuité. Vous en remettre à une personne, c'est vous rapprocher suffisamment d'elle pour partager sa vie, ses joies et ses peines, mais tout en maintenant une certaine distance qui vous permet de garder un minimum d'identité. En d'autres termes, c'est se préserver un espace physique et psychique à soi. Si quelqu'un se tient trop loin de vous, vous aurez du mal à l'entendre et finirez par vous sentir quelque peu esseulé. En revanche, si cet être se tient trop près, vous serez mal à l'aise et souhaiterez qu'il s'écarte un peu afin de vous laisser de l'espace. Aucun de ces scénarios ne peut conduire à une vraie communication.

Il en va de même avec l'intimité. Maintenir un juste équilibre entre proximité et distance peut souvent mener à la peur, soit d'être étouffé par l'autre, soit de se voir abandonné. Ces deux situations représentent les causes les plus courantes de crises de confiance dans une relation amoureuse.

Si la crainte de l'abandon vous obsède, vous pouvez vous trouver dans une relation tendue, rongée par la menace silencieuse d'une rupture possible. Vous attendez inconsciemment que quelque chose se brise et vous réagissez en conséquence : soit en vous accrochant à l'autre, ce qui a en général pour effet de le faire fuir ; soit en partant de vous-même, pour justement éviter un abandon que vous considérez inévitable. Dans les deux cas, vos craintes seront toujours justifiées.

Cette obsession de l'abandon provient presque toujours de l'enfance. Cela peut venir du simple fait que, lorsque vous étiez petit, vous vous sentiez négligé par votre famille ou par une institutrice. Vous étiez alors convaincu que personne ne vous aimait assez pour s'occuper de vous. La leçon qu'il vous faut intégrer, c'est que vous êtes digne d'amour, et que l'on a envie de s'occuper de vous. Et cette leçon ressurgira dans vos relations, encore et encore, jusqu'à ce que vous vous défassiez de cette obsession.

À l'inverse, ce peut être la peur de vous laisser piéger qui vous torture. Cela se traduit par le fait que, chaque fois que quelqu'un vous approche d'un peu trop près, vous avez l'impression de suffoquer. De la même manière, cette crainte peut venir d'une enfance ou d'une adolescence vécue dans un environnement restreint, dans lequel vous ne jouissiez d'aucune intimité, d'aucun espace privé, d'aucun moment seul avec vous-même.

Peter avait une peur terrible d'être pris au piège. Quand il était enfant, sa mère contrôlait chaque aspect de sa vie, de la nourriture qu'il avalait aux chaussettes qu'il portait. En conséquence, devenu adulte, il n'a cessé de souffrir de claustrophobie dès que quelqu'un l'approchait de trop près.

Guère surprenant que Suzanne ait été attirée par Peter. D'un naturel dominateur, elle a aussitôt pris la relève de sa mère. Les moindres détails de sa vie étant gérés par Suzanne, de la marque de ses costumes aux magazines qu'il lisait, Peter a fini par sentir la panique le gagner. Comme à son habitude, lorsque la situation a commencé à devenir intenable, il a pris la fuite.

La leçon, dans ce cas-là, est d'apprendre à surmonter la panique qui s'installe et de *rester,* même si, parfois, cela peut paraître étouffant. La clé du problème est de pouvoir mettre le doigt sur l'origine de cette sensation d'abandon ou d'étouffement, puis de trouver quel remède sera le plus efficace pour la guérir.

Le contrôle

La prise de contrôle de la relation par l'un ou l'autre des partenaires équivaut à une coupure du courant qui circulait entre les deux. Si l'un d'eux est un être dominant, il est incapable de faire les concessions nécessaires à une véritable relation puisqu'il éprouve le besoin de tout diriger. Une union durable exige que les deux protagonistes laissent la priorité au « nous voulons » plutôt qu'au « je veux ». En jouant les dirigistes, vous empêchez le « nous » de devenir une entité bien réelle.

Mitch ignorait qu'il avait ce problème de contrôle jusqu'à ce que Hope lui en fasse la remarque. C'était toujours lui qui conduisait, faisait des projets, décidait quand ils devaient se voir et combien de temps ils devaient passer ensemble. Chaque fois qu'elle émettait une suggestion, il surenchérissait et proposait un endroit plus grand, plus loin, plus plaisant ou plus cher. Au début, elle a été flattée qu'il se montre si prévenant et généreux mais, à la longue, elle a commencé à comprendre que leur relation tournait autour de lui et non autour d'eux. Elle n'était qu'une marionnette, actionnée par les doigts de Mitch.

Un jour, Hope s'est décidée à lui dire tout ce qu'elle avait sur le cœur. Il a d'abord réagi en se défendant contre ses « accusations » puis, lorsqu'elle lui a énuméré, l'un après l'autre, les exemples de ce qu'elle avançait, en lui rappelant toutes les situations qu'il avait fait tourner à son avantage, Mitch a commencé à réfléchir. Elle lui a expliqué à quel point son attitude la heurtait parfois, et il a fini par comprendre que, inconsciemment, il blessait la femme qu'il aimait. Il s'est aperçu, d'autre part, qu'il était devenu extrêmement rigide et a promis à Hope de tout tenter pour corriger ce défaut qui menaçait de détruire leur union.

Bien que cela reste encore, aujourd'hui, un sujet de négociations et, parfois même, une source de tension entre Hope et Mitch, il fait tous les efforts possibles pour apprendre à agir différemment avec elle. Dernièrement,

Hope m'a appelée pour m'annoncer que Mitch acceptait de partir avec elle pour le week-end surprise qu'elle avait organisé toute seule, sans qu'il intervienne dans quoi que ce soit.

Si vous éprouvez le besoin de tout contrôler, il vous faudra apprendre à lâcher du lest. Et c'est encore au cœur de votre relation que vous vous y entraînerez le mieux car c'est là, plus qu'ailleurs, que vous serez amené à partager et à faire des concessions.

Les limites

Savoir préserver ses propres limites est un problème crucial pour beaucoup de gens. Ces frontières derrière lesquelles vous vous protégez définissent ce que vous êtes, et ce que vous êtes prêt ou non à faire.

Les frontières passoires

Il arrive que nos limites se transforment en passoires, c'est-à-dire qu'elles sont trop souples. Toute sa vie, Joni a connu ce problème. Elle encourageait les gens à empiéter sur son territoire, les incitait à profiter de son temps et de sa gentillesse. Elle voulait se montrer ouverte et accommodante mais finissait toujours par se surcharger de travail, ce qui l'emplissait d'amertume. Lorsqu'elle disait, par exemple : « Appelle-moi dès que tu as besoin de moi », elle pensait secrètement : « Je suis si fatiguée, j'aimerais qu'on me laisse tranquille, qu'on arrête de me demander quelque chose. » En allant bien au-delà de sa générosité naturelle, Joni se voyait vite submergée par les sollicitations de ses amis, qui profitaient de sa trop bonne volonté.

Lorsqu'elle a rencontré Stuart, elle est immédiatement retombée dans son habitude de trop en faire. Elle acceptait de le voir chaque fois qu'il le désirait, et annulait souvent des rendez-vous afin de l'arranger au mieux. Elle lui rendait une multitude de services comme d'aller récupérer son chat chez le vétérinaire s'il était trop occupé, ou de lui trouver une cravate assortie avec son costume anthracite. Lorsque Stuart avait besoin de rédiger un dossier pour son travail, Joni lui proposait de lui prêter sa plume et finissait en général par se fendre du rapport complet. Elle adorait son compagnon et éprouvait un plaisir fou à le rendre heureux en lui donnant pratiquement tout d'elle-même.

Mais Stuart s'est tellement habitué à toutes ces attentions qu'il les considérait comme un dû. De son côté, elle s'est sentie plus que submergée par tout ce qu'il lui demandait ou attendait d'elle. Ses propres besoins étaient éclipsés par ceux de son partenaire, et elle se rendait compte qu'elle lui consacrait la plus grande partie de son temps.

Joni devait apprendre à mieux connaître ses limites, afin d'être capable de s'arrêter quand on lui en demandait trop.

Savoir se défendre

On éprouve souvent du mal à fixer des limites lorsqu'on ne sait pas défendre ses choix ou ses opinions.

Prenez Fiona, par exemple. Quand Josh lui a demandé ce qu'elle désirait pour son anniversaire, elle lui a répondu tout net : passer une soirée en tête à tête avec lui, dans un endroit romantique. Elle a donc été ravie quand il lui a annoncé qu'il avait réservé une table dans le restaurant le plus chic de la région. Malheureusement, le jour où ils avaient prévu de sortir, plusieurs de leurs amis sont passés les voir par surprise et ont insisté pour aller fêter tous ensemble l'anniversaire de Fiona en ville.

Enchanté par cette proposition, Josh s'est tourné vers sa compagne et lui a demandé avec enthousiasme :

– Ce serait super, tu ne crois pas ? Mais c'est ton anniversaire, alors, à toi de décider.

Fiona était écœurée. Annuler ce dîner pour aller faire la fête avec un groupe d'amis bruyants était bien la dernière chose qu'elle désirait, et pourtant elle se sentait incapable de refuser. Comme ils insistaient tous, elle a fini par céder plutôt que de prendre Josh à part et lui expliquer le fond de sa pensée. Elle a ainsi passé la soirée de son anniversaire à se reprocher en silence de n'avoir pas su tenir tête à leurs amis et, surtout, de n'avoir pas su défendre sa première idée.

En rentrant chez eux, ce soir-là, Fiona s'est mise à arpenter le salon d'un pas furieux. Comme Josh lui demandait ce qui se passait, cela a déclenché une cascade d'accusations ; elle lui a reproché de ne jamais tenir compte de ce qu'elle ressentait, en précisant combien elle avait été malheureuse pendant ce dîner stupide, et qu'il n'avait même pas semblé le remarquer. Elle a ajouté qu'elle lui en voulait d'avoir fichu en l'air sa soirée d'anniversaire en se montrant aussi imperméable à ses souhaits.

Fiona et Josh sont allés se coucher, ce soir-là, avec une très pénible impression de gâchis.

Il a fallu plusieurs semaines à la jeune femme pour se pardonner de n'avoir pas eu le courage de défendre ses opinions, de n'avoir pas su se battre pour quelque chose qu'elle désirait ardemment. Elle a fini néanmoins par s'excuser auprès de Josh, et admettre qu'il n'était pas censé lire dans son esprit, et que ce n'était pas à lui de défendre ses idées si elle-même n'était pas capable de le faire. Elle lui a promis – et se l'est promis à elle aussi – de ne jamais répéter cette erreur.

Les leçons de la vie

Vous pouvez considérer votre relation comme une « école de vie », où vous apprenez à communiquer avec l'autre. Une école qui, vingt-quatre heures sur vingt-quatre, vous propose un programme intensif de méthodes personnelles, jusqu'à ce que vous trouviez celle qui répond le mieux à vos aspirations. Qu'allez-vous tirer de cette expérience ? Des rapports facilités avec le reste du monde.

Ce sont les leçons de la vie qui vous enseignent ces méthodes. Des leçons qui nous sont présentées à un moment ou à un autre de notre relation. Parmi celles-ci, il y a le partage, la patience, la gratitude, l'acceptation et le pardon. C'est au cours de votre vie à deux que de telles situations surgiront, qui vous inciteront à apprendre ces leçons (et à les revoir par la suite, si nécessaire).

Le partage

C'est une leçon que vous apprendrez dans le contexte même de votre relation. Sans partage, une association amoureuse se trouve réduite à la simple réunion de deux individus qui n'ont pour autre horizon que leur petit couple. Le partage est l'essence même d'un travail en équipe. Chacun de vous devra en apprendre les modalités et s'en souvenir lorsque le besoin se fera sentir de maintenir la dynamique du « nous ».

Dans une relation, l'idée de partage s'étend à votre corps, à vos émotions, à vos pensées, au temps, à l'espace, jusqu'à vos propriétés personnelles. Prenez l'exemple de Miriam. Bien avant de rencontrer Lloyd, elle était une battante. Elle gagnait très bien sa vie, possédait une maison, une voiture, et s'offrait à peu près tout ce qu'elle désirait. Parfaitement à l'aise quant à ses limites, son seul problème était de partager sa vie et ses biens avec Lloyd, l'élu de son cœur.

Lloyd avait une bonne nature. Il était aimant, plein d'attentions et estimait n'en faire jamais assez pour Miriam. Quelle ne fut pas sa surprise quand elle lui fit comprendre un jour que ce qu'elle possédait n'appartenait qu'à elle, et qu'elle n'avait aucune intention de le partager avec lui. Il était hors de question pour elle de le laisser conduire son auto, utiliser son ordinateur ou séjourner chez elle alors qu'il faisait repeindre son appartement et qu'elle partait en voyage d'affaires. D'autre part, elle ne voulait partager avec lui aucune des questions qui concernaient son travail, au prétexte que cela ne le regardait pas.

Plus Miriam se montrait rigide, plus elle rejetait Lloyd de leur « nous ».

Un matin, au petit déjeuner alors qu'elle refusait de lui prêter son bol favori, il lui a demandé si elle désirait vraiment approfondir leur relation.

– Bien sûr que oui, lui a-t-elle répondu aussitôt. Puisque je t'aime.

– Alors, laisse-moi entrer, lui a-t-il rétorqué sur le même ton. Laisse-moi partager ta vie, tes pensées, tes sentiments, ton bol ! Cesse de me traiter en étranger !

Les paroles de Lloyd lui ont ouvert les yeux. Elle devait faire l'effort de croire que son ami ne chercherait pas à profiter d'elle et comprendre qu'en partageant avec lui son existence et ses biens, elle lui offrirait plus que les clés de sa voiture ou son bol préféré : elle lui ferait don de sa confiance.

La patience

Chaque individu change, mûrit et évolue selon son propre rythme et l'espace dont il dispose. Dans une relation, chacun doit apprendre à respecter le « calendrier » de l'autre, que ce soit sur le plan physique, émotionnel, intellectuel ou spirituel.

Gina voulait se fiancer avec Evan ; elle s'y sentait prête, et pensait qu'il l'était aussi. Evan, de son côté, même s'il aimait profondément Gina et respectait ses idées, ne jubilait pas exactement à l'idée de franchir ce pas. Et, lorsqu'elle s'impatientait, il lui assurait qu'il l'épouserait un jour mais qu'il ne se sentait pas décidé à jouer tout de suite les maris. Gina savait qu'elle voulait passer le reste de sa vie avec lui, aussi lui fallut-il apprendre la patience à court terme. Croyant tout à fait que les sentiments et les intentions d'Evan étaient sincères, elle a su faire taire sa frustration et attendre que l'homme de sa vie soit prêt à la conduire jusqu'à l'autel.

Celia, quant à elle, a dû apprendre une leçon de patience un peu différente. Rapide, toujours prête à expédier les choses, elle marchait d'un pas vif, mangeait avec un lance-pierre et roulait toujours à tombeau ouvert. Puis un jour, puisque les contraires sont faits pour s'attirer, elle a rencontré Ethan, qui vivait à un rythme nettement plus lent. Il aimait prendre son temps, savourer ses repas, et respectait les limitations de vitesse.

Celia s'impatientait donc souvent en sa présence : elle tapotait la table du bout des doigts en attendant qu'il termine son assiette, ou soupirait bruyamment lorsque, pour la centième fois, une voiture les doublait en les laissant sur place sur la route. Un jour qu'elle le tirait par le bras pour qu'il avance plus vite, Ethan s'arrêta net et lui dit :
– Pourquoi toujours se presser ? On ne fait pas une course ! Moi, ce que je veux, c'est me promener tranquillement et profiter de chaque instant avec toi.

Il avait prononcé les mots justes. Celia vit à cent à l'heure en solo mais, dès qu'elle se retrouve avec Ethan, elle se met au diapason de l'homme qu'elle aime et ralentit le rythme.

La gratitude

La vie de couple vous enseigne aussi la gratitude, et ce afin de ne jamais prendre pour un dû ce que vous recevez de l'autre.

Mariés depuis vingt-cinq ans, Cammy et Doug se sont distribué les tâches de la manière suivante : lui travaille et assure la subsistance du ménage, elle s'occupe du foyer. Comme tout le monde, ils ont eu leur lot de joies et de peines, dont une action en justice qui a forcé Doug à se réorienter professionnellement du jour au lendemain. Repartir de zéro a beaucoup affecté le couple qui, dans la tourmente, a vu ses revenus considérablement réduits.

Doug a suggéré à Cammy de se lancer tous deux dans l'immobilier et d'utiliser leurs talents pour rénover des maisons avant de les revendre. Le marché étant alors en plein boom et leurs finances leur permettant encore ce genre d'investissement, ils décidèrent de tenter cette aventure, même s'ils n'avaient aucune expérience derrière eux. Cammy accepta et, pendant un an, ils ont acheté maison après maison, nettoyé, repeint, posé des moquettes, retapé des toitures, tout cela avec leurs propres ressources et une bonne dose d'huile de coude. C'était un travail pénible mais qui leur rapportait des bénéfices assez importants sur chaque revente.

Un jour, après des heures de nettoyage et de peinture, Doug s'est arrêté, a regardé Cammy avec son bandana sur la tête, les joues maculées de taches blanches, le front inondé de sueur, et s'est senti aussitôt submergé par un immense sentiment de gratitude. Lui qui avait toujours apprécié sa droiture et sa bonne volonté, il comprenait soudain que, peut-être, elle l'ignorait. Parce qu'il ne le lui avait sans doute jamais dit. Il s'approcha d'elle, lui prit la main et déclara :

– Il n'y a que toi pour faire ça. Jamais je ne me serais lancé là-dedans sans toi. Nous ne sommes peut-être pas riches mais nous sommes heureux et nous sommes ensemble. J'ai tellement de chance de t'avoir.

Cammy fut d'abord interloquée de l'entendre parler ainsi puis elle saisit que, tout simplement, Doug lui disait merci. Il la remerciait d'être là avec lui, d'avoir accepté cette aventure à deux. Il ne lui avait fallu qu'un instant pour prononcer ces paroles mais elles étaient allées droit au cœur de Cammy et, des années après, elles s'y trouvent encore.

Comme Doug et Cammy l'ont appris par eux-mêmes, un peu de gratitude vaut son pesant d'or dans une relation amoureuse.

L'acceptation

C'est l'une des leçons qu'il vous faudra assimiler et pratiquer chaque jour dans le cadre de votre union. Cela signifie accepter les caprices et des défauts de votre partenaire tout autant que la façon dont il fait les choses. Comme vous l'apprendrez dans la Règle 6, chaque couple a ses différences à gérer. Et, pour y parvenir, on doit au préalable accepter son conjoint *exactement tel qu'il est.*

Comment, en effet, souffrir en permanence ces choses qui nous irritent, nous agacent ou vont jusqu'à nous mettre en colère ? La réponse est simple : vous y arriverez en accordant à votre partenaire la même indulgence inconditionnelle que vous désirez pour vous-même, et en apprenant à vivre avec ces défauts qui vous font grincer des dents. Même si votre bien-aimé est censé vous apporter joie et bonheur, il n'est pas venu sur terre dans le seul but de vous être agréable. Il forme une entité bien réelle et humaine, avec, comme vous, ses besoins, ses désirs et ses propres priorités.

Terry adorait tout ce qui touchait à la technologie, alors que sa femme, Sheila, se targuait d'être technophobe. Elle préférait rédiger une liste à la main plutôt que sur traitement de texte. Ne comprenant pas sa réticence à se servir d'un ordinateur, son compagnon passait des heures à lui en énumérer les avantages.

Lassée d'entendre Terry lui vanter depuis des mois les mérites d'un portable, Sheila se décida à mettre les points sur les i, une fois pour toutes. Elle lui expliqua que les ordinateurs ne lui faisaient ni chaud ni froid, lui rappela qu'elle n'essayait pas, elle, de le convaincre de *ne pas* en utiliser un et, donc, qu'elle apprécierait de le voir respecter son choix, qu'il le comprenne ou non.

Terry obtempéra, même s'il restait perplexe. Il reconnut que Sheila lui passait tous ses caprices – dont sa manie de commander toutes sortes de gadgets parfaitement inutiles pour son ordinateur – et il estimait juste, finalement, d'accepter de la même façon son point de vue à elle.

Acceptez-vous votre partenaire tel qu'il est ? Si ce n'est pas le cas, essayez d'imaginer ce que vous ressentiriez dans la situation inverse. Peut-être cela vous aidera-t-il à voir que l'acceptation inconditionnelle représente l'un des plus précieux cadeau que l'amour peut vous offrir.

Le pardon

C'est dans l'amour que la notion de pardon prend tout son sens. Lorsque deux personnes forment une union théoriquement basée sur la confiance et que celle-ci est violée, il faut une grande force pour pardonner. Toutefois, puisque nous avons tous des leçons à apprendre, le pardon est parfois indispensable.

Chaque fois que vous êtes confronté à des paroles ou des actes qui violent vos accords, vous vous trouvez devant un choix : camper sur vos positions sans vous défaire de votre rancœur, ou vous résoudre au pardon. Mais la rancune vous diminue alors que le pardon vous force à vous dépasser. Choisir de pardonner n'est pas facile, mais c'est la seule option que vous ayez si vous voulez que votre relation demeure authentique.

Bert et April venaient d'acheter une nouvelle voiture. Ils avaient économisé durant plus d'un an pour s'offrir le monospace de leurs rêves, et tous les deux étaient ravis de leur acquisition. Un jour, alors qu'April était au volant, elle eut quelques secondes de distraction qui lui coûtèrent cher car elle heurta une autre voiture.

Il fallut plusieurs jours à Bert pour pardonner à April son manque d'attention, cependant il savait que sa colère à lui ne ferait qu'ajouter au sentiment de culpabilité qui la dévorait. Il choisit donc de lâcher du lest, oublia les reproches qu'il lui réservait et, très vite, cet accident ne fut plus entre eux que de l'histoire ancienne.

Il arrive malheureusement parfois que l'on ait à pardonner des actes plus graves tels que le mensonge ou l'infidélité. Ces moments-là sont en général très pénibles car il faut aller chercher au plus profond de soi la force et la volonté de pardonner.

Cependant, pardonner à quelqu'un ne revient pas à tolérer ses actes ni à accepter de se laisser marcher dessus. Cela signifie que l'on a fait l'effort de réfléchir, et que l'on est prêt à considérer celui qui nous a causé du tort comme un être tout aussi humain que soi. C'est l'une des leçons les plus difficiles mais, comme vous le verrez dans la Règle 9, il vous faudra l'assimiler si vous voulez que votre relation soit durable.

Si vous laissez votre vie de couple vous porter vers la découverte de l'autre, vous verrez votre monde s'ouvrir sur de nouvelles perspectives. Le but véritable d'une relation est de procurer de la joie et du plaisir, mais de donner aussi à chacun l'occasion d'évoluer. Saisir ces opportunités peut permettre à deux personnes d'en apprendre davantage sur leurs aptitudes, leurs limites, leurs faiblesses, et de profiter des leçons qui enrichiront leur vie commune.

Règle n° 5
Communiquer est essentiel

*L'échange ouvert d'idées et de sentiments
constitue la sève de votre relation.*

La communication est l'outil de connexion par excellence. C'est avec elle que deux individus s'ouvriront et se dévoileront l'un à l'autre, manifesteront leurs émotions et leurs désirs. C'est le moyen par lequel ils s'informent, s'éduquent, se soutiennent mutuellement, et négocient. Dans son sens le plus profond, la communication est la sève qui procure force et fluidité à une relation.

Communiquer intelligemment crée toutes sortes d'opportunités pour donner libre cours aux sentiments. La franchise, la compréhension et le respect et, surtout, la faculté de laisser votre partenaire vous rendre la pareille sont indispensables pour cela. L'échange est crucial si vous cherchez à pérenniser votre union, car, sans communication, une relation n'est qu'un vaisseau vide qui vous entraîne dans un voyage où planent la confusion, la projection sur l'autre d'idées fausses et l'incompréhension.

C'est par la communication que vous saurez construire des ponts vers votre partenaire. On s'installe en général dans une relation avec sa propre perception de la réalité, et ce n'est qu'en communiquant que l'on parvient à connecter nos visions des choses. En érigeant ces ponts, vous développez entre vous un lien sacré qui sous-tendra chacune de vos interactions et vous mènera vers une intimité plus profonde.

Lili et Charles se sont rencontrés lors d'un cocktail. Présentés l'un à l'autre par un ami commun, ils se sont bientôt lancés dans un débat sur l'incompréhension qui, parfois, sépare les hommes et les femmes. Charles prétendait que celles-ci ne voulaient jamais avouer leurs désirs et forçaient les hommes à les deviner, au risque de se tromper. Lili lui a alors opposé le fait que les femmes disaient au contraire toujours ce qu'elles désiraient, mais que les hommes ne leur prêtaient pas une oreille attentive. En riant, ils sont tombés d'accord sur le fait que, si les hommes et les femmes modifiaient leur façon de communiquer, l'amour aurait beaucoup plus de chances de subsister en ce bas monde. Charles et Lili sont aujourd'hui très heureux ensemble, ayant fait d'une communication saine et claire la priorité de leur relation.

Le secret de la réussite de Charles et Lili vient du fait qu'ils ont compris tous les deux l'importance qu'il y avait à communiquer sans détour. Ainsi, ils peuvent chacun rester à l'écoute des besoins, des aspirations, des craintes et des objectifs de l'autre.

Sans communication claire, il est impossible de se connecter. Les partenaires restent alors deux êtres à part : leur couple, s'il a l'air de former une association solide, manque cruellement de cette toile invisible qui relie leurs cœurs et leurs esprits. Ils éprouvent alors, malgré la présence de l'être cher, un sentiment d'isolation et de solitude, car rien ne crée une douleur plus poignante que le fait de se trouver à proximité l'un de l'autre et de rester distant du point de vue émotionnel.

De l'art de bien communiquer

La communication est une aptitude qui s'apprend. La plupart d'entre nous avons la chance d'être nés avec la faculté de parler et d'entendre, mais passer maître dans l'art de communiquer est une autre paire de manches. Cela exige que vous soyez franc avec vous-même, que vous soyez prêt à ne rien cacher de vos vérités, que vous soyez capable de les exprimer clairement, et que vous sachiez écouter celles de votre partenaire sans le juger ni vous tenir sur la défensive.

Il existe dix étapes de base que vous pouvez suivre afin de communiquer de façon efficace. Ces étapes vous permettront de faire passer clairement votre message, que ce soit pour déclencher une réaction violente ou infime chez votre partenaire, pour exprimer de la colère ou un simple agacement, de l'émotion ou du plaisir. L'intensité du message n'a aucune importance puisque ces étapes s'appliquent surtout à l'échange d'informations que vous désirez faire.

Les dix étapes

1. *Sachez quel message faire passer.*

Sachez exactement ce que vous avez à dire, afin de ne pas vous empêtrer dans des hésitations qui affadiraient votre message.

2. Sachez sur quel point insister.
Vous devez savoir si votre but est de délivrer une information, obtenir une information, chercher des options ou déclencher une action. Connaître le but d'un message vous aidera à mieux l'exprimer.

3. Sachez quand et où faire passer ce message.
Souvent, les gens se précipitent pour faire passer un message sans demander au préalable si la personne est en état de le recevoir. Veillez à approcher votre partenaire lorsqu'il est disponible et prêt à vous écouter, et assurez-vous aussi que l'environnement est propice.

4. Dédramatisez votre message.
Cela vous permettra de mieux contrôler vos paroles. Pour atténuer la charge émotionnelle, confiez-vous à un ami, écrivez ce message, détendez-vous en faisant de l'exercice, etc. Vous laisserez ainsi le destinataire se concentrer sur le contenu de votre message plutôt que sur votre trouble éventuel.

5. Préparez votre numéro.
Arrangez-vous pour que le destinataire du message soit dans un bon état d'esprit. Au besoin, faites-lui part de vos sentiments, en lui disant par exemple : « Cela me gêne un peu, mais je voudrais te poser une question… »

6. *Exprimez vos sentiments (plutôt que vos jugements).*
Cela vous aidera à vous concentrer sur votre message tout en vous laissant libre de communiquer avec amour. Un message délivré avec sincérité inspire généralement plus d'attention et de respect.

7. *Exprimez-vous dans un langage compréhensible.*
Si vous présentez des faits, communiquez votre message comme un rapport. Si vous attendez une réponse, posez une question claire et précise. Mélanger les deux risque de semer la confusion dans l'esprit de votre partenaire.

8. *Demandez un « accusé de réception ».*
Cela ouvrira le dialogue entre vous et l'intéressé, et vous confirmera que votre message est clairement passé.

9. *Échangez les rôles, si nécessaire.*
Après avoir demandé confirmation, il vous faudra devenir vous-même « destinataire », afin que l'autre puisse communiquer à son tour avec vous.

10. *Demandez une conclusion.*
Décidez ensemble des mesures à prendre par la suite.

La panne de communication

Une communication peut s'interrompre à tout instant. Il suffit d'un moment d'inattention, d'un quiproquo ou d'un doute non exprimé pour que deux partenaires plongent dans la spirale de l'attaque et de la défense, et que toute transmission entre eux soit coupée. La clé pour éviter cette « panne » est de contrecarrer les courts-circuits potentiels.

Les quiproquos

Trop souvent, la communication entre deux êtres s'interrompt à cause d'un malentendu ou d'un message mal formulé. Récemment, mon amie Wendy, qui partait en voyage d'affaires, a demandé à son mari, Jack, de passer la prendre le lendemain à l'aéroport à 6 heures. Arrivée au terminal, elle l'a attendu trois quarts d'heure avant de se décider à lui téléphoner.

— Qu'est-ce que tu fais ? a-t-elle hurlé au bout du fil. Tu devais me prendre à 6 heures !

Jack, encore endormi, a été tout surpris d'entendre sa femme l'appeler si tôt le matin, étant donné qu'il ne l'attendait pas avant la fin de la journée. Wendy avait en effet oublié de préciser qu'il s'agissait de 6 heures du matin et non 6 heures du soir ! Elle s'est donc résolue à prendre un taxi, en se promettant d'être plus précise, la prochaine fois.

Le mari aurait dû vérifier s'il s'agissait de A.M. ou P.M, parce que son épouse avait été imprécise.

Imaginez comment les choses peuvent se compliquer lorsque surgissent de vrais problèmes de communication, et comment, à un niveau plus sérieux, une situation peut s'envenimer à cause d'une simple erreur de transmission d'informations. *ou erreur de réception d'information.*

Lorsqu'un malentendu survient, il est très difficile ensuite d'éviter que l'incompréhension ne s'installe. Si l'on n'éclaircit pas tout de suite la situation, elle a toutes les chances de se reproduire. Pour éviter cela, il est crucial de chercher à connaître la cause du malentendu en question, de prendre chacun sa responsabilité et de savoir pardonner son erreur à l'autre.

Aujourd'hui, Jack et Wendy ne manquent jamais de spécifier s'il s'agit du matin ou du soir lorsqu'ils parlent d'heure et de rendez-vous.

Détourner la vérité

Une vérité omise, cachée ou niée constitue l'un des plus sûrs moyens d'éroder la confiance. Si le mensonge fait son apparition dans un couple, c'est la méfiance qui s'installe et un mur qui s'érige bientôt entre les deux partenaires. C'est ce manque de communication qui détruit l'union et mène tout droit à la division.

Le secret d'une vraie communication repose, entre autres, sur le respect de la vérité. À chaque échange, les partenaires ont le choix de se rapprocher en ne se cachant rien ou, au contraire, de s'éloigner l'un de l'autre en gardant pour eux leurs secrets. Les secrets érigent des barricades entre vous, alors que les aveux aident à construire des ponts. À vous de choisir : des murs ou des ponts.

Il n'est pas rare aussi que l'on érige des remparts à son insu, comme dans le cas de Lucy. Elle adorait acheter des vêtements et dépassait souvent son budget. Chaque fois que cela lui arrivait, elle se glissait dans l'appartement, les bras chargés de paquets, sans que Jeffrey, son compagnon, n'y prête attention ; elle s'empressait d'ôter les étiquettes de ses achats, et les cachait tout au fond de son placard, laissant ainsi croire qu'ils avaient toujours été là. Si Jeffrey s'étonnait de la voir porter une tenue qu'il ne connaissait pas, Lucy répondait :

– Cette robe ? Je l'ai depuis des années.

Elle ne comprenait pas que l'énergie qu'elle gaspillait à cacher ses nouveaux achats et à protéger son secret revenait à la séparer de Jeffrey. Jour après jour, elle bâtissait un mur de mensonges, qui l'empêchait de construire un pont entre eux.

Que vous dissimuliez la vérité sur un problème mineur, comme l'achat de vêtements, ou majeur, comme une infidélité, l'issue reste la même. Un mur s'est élevé, la communication entre vous et votre partenaire est menacée, et les chances de se connecter sont réduites à zéro. Rappelez-vous : vous pouvez construire des murs ou des ponts, mais pas les deux à la fois.

Préjugés, attentes et conjectures

Nous entamons tous une relation avec une certaine idée de ce que devraient être les choses. Nous arrivons avec nos attentes, nos espoirs, en imaginant d'avance comment notre partenaire devra se comporter, parler, s'habiller, conduire, manger, commander du vin, se brosser les dents, laver le linge, mettre la table et faire l'amour, tout cela selon notre propre perception de « ce qui se fait ». Ce n'est pas que nous attendions de lui (ou elle) qu'il soit *parfait* mais juste que nous aimerions qu'il fasse les choses comme nous l'espérons.

Pendant l'enfance, notre esprit est imprégné d'une certaine façon de voir les choses. Nous apprenons des adultes ce qui est « normal » et, avec cette image, nous entrons dans le monde avec l'espoir qu'il se conformera à notre réalité. Le plus souvent, nous revivons inconsciemment ce que nos parents ont vécu, car ces modèles sont intimement ancrés en nous. Des modèles qui, en quelque sorte, servent de filtres aux choses et à ce qu'elles « devraient être ».

Parce que chaque être vient d'une famille qui, en soi, est unique, les notions que nous avons du « normal » sont en fait très disparates. Lorsque les concepts de deux personnes s'entrechoquent, cela crée souvent une éruption. L'un veut faire en sorte que l'autre se plie à ses idées et, inévitablement, on se précipite dans le cercle vicieux de l'incompréhension, de la déception, de l'accusation, et le mur se dresse peu à peu.

Vos préjugés créent en vous une certaine attente, un espoir et, forcément, vous êtes déçus que votre partenaire n'y réponde pas spontanément. Celui-ci ne lit pas dans vos pensées et, que vous soyez proches ou non, il ne saura jamais exactement ce qui se passe dans votre esprit ni ce que vous ressentez à tout instant. C'est à vous de lui faire comprendre ce que vous éprouvez, ce que vous désirez qu'il sache, et de vous demander ce que vous attendez de lui.

Vos préjugés peuvent aussi vous priver du processus de communication. Si vous imaginez savoir ce que l'autre désire, il y a toutes les chances pour que vous ne le lui demandiez pas. Vous manquerez alors ces occasions de conversations exploratoires qui ont pour effet de tisser des liens serrés entre deux êtres. Les suppositions et les idées toutes faites étouffent l'esprit de découverte.

Dans presque toutes les relations que j'ai favorisées, les suppositions, les conjectures et les attentes ont été source de malentendu. En fait, chaque fois qu'un conflit surgit entre deux partenaires, il est presque toujours dû à une attente inconsciente déçue. En voici quelques exemples. À vous de voir si vous reconnaissez l'un de vos proches.

Darren voulait, ce soir-là, sortir avec Holly pour fêter les six mois de leur union. Désireux de l'impressionner, il avait réservé une table dans le restaurant le plus chic de la ville, en imaginant qu'elle adorerait cette idée. Mais, lorsqu'il lui révéla l'endroit où ils se rendaient, elle se montra déçue car elle avait supposé que Darren l'emmènerait plutôt dans un lieu tranquille et intime.

Samantha était une romantique. Elle croyait que, quand un homme aimait une femme, il la couvrait de fleurs, lui écrivait des poèmes et la surprenait souvent avec des cadeaux. Mark, quant à lui, était plus pragmatique, et il lui exprimait son amour en lui envoyant par exemple le dernier numéro de *Que Choisir ?,* où elle pouvait trouver une analyse sur le fax qu'elle désirait s'offrir depuis longtemps ou en lui achetant des bottes le jour de la Saint-Valentin, pour lui garder les pieds au chaud. Samantha était toujours déçue car Mark ne correspondait pas à son idéal de Prince charmant. Et lui ne comprenait pas en quoi il pouvait faire fausse route.

Brian a grandi avec une mère qui avait entièrement consacré sa vie à ses fils. En épousant Jessie, il croyait qu'elle se dévouerait corps et âme à ses enfants. Mais Jessie aimait son métier de rédactrice et, bien qu'elle eût l'intention d'avoir des bébés, ne comptait pas pour autant abandonner sa carrière. Brian et elle se retrouvaient donc dans une impasse : Jessie lui en voulait de vouloir lui imposer ce qu'il attendait d'elle, et Brian lui en voulait de ne pas se plier à l'image qu'il s'était faite d'une épouse modèle.

Éviter les attentes déçues

L'antidote aux préjugés qui mènent aux attentes déçues consiste en trois phases : la prise de conscience, l'analyse et la communication. Pour prendre conscience de ce que vous attendez de votre partenaire, il vous faut reconnaître le fossé qui peut exister entre vos suppositions et la réalité de la situation. Prenons le cas de Samantha, dépitée de ne pas avoir reçu un bouquet de roses rouges le jour de la Saint-Valentin. Voici comment je lui ai ouvert les yeux sur les idées qu'elle se faisait :

– Que ressentez-vous, Samantha ?
– Une impression d'abandon.
– Pourquoi ?
– Parce que je n'ai pas reçu de fleurs.
– Qu'est ce que le fait de recevoir des fleurs signifie pour vous ?
– Que je suis aimée.
– Mark sait-il cela ?
– Euh… non, mais il devrait.

Une fois ces suppositions exposées au grand jour, vous pouvez vous demander si elles sont fondées. Si ce n'est pas le cas, rejetez-les au plus vite. Si elles vous semblent au contraire toujours légitimes, il vous faudra les avouer à votre partenaire afin que, ensemble, vous puissiez discuter d'une issue qui conviendra à l'un comme à l'autre.

Quant à Samantha, elle a compris que, bien que les fleurs la ravissent, le fait de ne pas en recevoir ne témoignait pas d'un désamour de la part de son mari. Toutefois, après avoir analysé ses convictions et ses idées préconçues, Samantha aurait pu aussi bien conclure qu'elle avait besoin de recevoir des fleurs pour se sentir aimée. Dans ce cas, elle aurait dû faire part de son attente à Mark afin qu'il sache comment se comporter lors de la prochaine Saint-Valentin.

Un environnement sûr

Même si vous possédez le meilleur talent de communication qui soit, cela ne vous sera d'aucune utilité si vous avez peur de vous en servir. Communiquer de façon claire et franche est une tâche des plus difficile si vous redoutez le rejet ou la critique. Pour que les conditions de communication soient optimales, il faut créer autour de soi un environnement sûr, afin que les deux partenaires puissent exprimer en toute quiétude leurs pensées et leurs sentiments.

Par environnement « sûr », j'entends que vous devez vous sentir parfaitement à l'aise, de façon à rester celui ou celle que vous êtes. Vous avez alors envie de vous exprimer, vous êtes même prêt à prendre quelques risques, à vous mettre à nu et vous rendre ainsi vulnérable, car vous savez que personne ne vous fera de mal.

Ne pas émettre de jugement hâtif

Pour qu'un environnement soit sûr, il doit y avoir suspension de jugement des deux côtés. Les reproches ou les critiques créent un climat de tension qui pousse la plupart des gens à se replier sur eux-mêmes plutôt que de risquer de se voir exposé.

Afin de créer une atmosphère accueillante, il vous faut retenir toute forme de jugement : écouter parler l'être cher sans commenter, critiquer ni attaquer. Vous ne devez juger ni ses paroles, ni ses actes, et le laisser s'exprimer sans crainte de rejet ou de désapprobation. Il devra au contraire sentir en vous un soutien et une acceptation indéfectibles.

Par exemple, si votre partenaire vous informe qu'il ne supporte plus son travail et qu'il cherche à démissionner, vous l'écouterez sans vous empresser de lui demander comment il compte continuer à gagner sa vie, ou sans lui suggérer qu'il agit peut-être un peu vite. Si l'élu de votre cœur vous avoue qu'il ne veut pas rendre visite à vos parents parce qu'il ne se sent pas à l'aise chez eux, il vous faudra retenir votre jugement et l'encourager à s'expliquer plutôt que de vous laisser aller à votre indignation.

Ne pas se précipiter pour juger son partenaire peut être plus facile si vous vous imaginez en train d'écouter un enfant terrorisé à l'idée de dire la vérité. Lorsque ma fille Jennifer venait me voir avec une expression particulière sur le visage, je l'encourageais toujours à vider son sac, en lui assurant que je ne la gronderais pas. Quand vous écoutez votre partenaire en silence, vous lui montrez que vous êtes prêt à accepter ce qu'il est en train de vous avouer. Ce genre d'indulgence maintient l'harmonie dans votre couple et vous permet de vous montrer mutuellement tels que vous êtes.

Ne pas se mettre sur la défensive

Il est humain de se défendre quand on se sent attaqué. Malheureusement, ce mécanisme naturel se met en marche de façon automatique, que vous soyez menacé par un prédateur, ou critiqué par votre partenaire parce que vous laissez traîner vos affaires. Bien que la vie en couple constitue un défi permanent, elle n'exige pas le même niveau d'agressivité que la jungle. Il vous faudra donc apprendre à ajuster vos réactions de défense.

Il est particulièrement difficile de retenir votre jugement quand votre partenaire vous fait une révélation qui heurte vos sentiments. Pourtant, si vous l'avez invité à plus de franchise, vous devez être prêt à l'entendre. Quand cette vérité semble être dirigée contre vous, votre réaction naturelle est de vous défendre. Et, dès l'instant où vous sortez votre bouclier, votre environnement cesse d'être sûr, que ce soit pour lui ou pour vous-même.

La plupart des désaccords qui surgissent entre deux êtres provoquent une spirale d'attaque, de défense, de représailles, et ainsi de suite jusqu'à ce que les belligérants se retrouvent épuisés, que l'un d'eux soit blessé ou qu'il abandonne. Le seul moyen de se sortir de cette spirale infernale est alors de s'arrêter et d'écouter ce que l'autre a à vous dire, sans chercher à réagir. Il suffit en général que l'un de vous baisse les armes pour que les passions s'apaisent et que l'environnement redevienne sûr pour l'un comme pour l'autre.

Vous pouvez être blessé par que ce que déclare votre partenaire, mais décider de rester de marbre devant ses paroles. Cela vous permettra de vous dédoubler pour encaisser avec objectivité les vérités qu'il vous assène, puis d'évaluer avec lucidité si ce qu'il vous dit est fondé. Si vous pensez que ce n'est pas le cas, vous pouvez lui répondre en conséquence, de façon positive et constructive, afin de rétablir la vérité.

Jamie, par exemple, était furieuse contre Bob, car elle avait trouvé la maison dans un état lamentable en rentrant de voyage. Lorsqu'elle lui en a fait le reproche, sa réaction immédiate a été de se défendre bec et ongles. Plutôt que d'entendre ce que Jamie avait à lui dire, il s'est mis en colère parce qu'il se croyait attaqué.

– Je laisse toujours la maison propre ! rétorqua-t-il. En fait, c'est moi qui nettoie toujours derrière *toi* !

Pour écouter Jamie sans se braquer, Bob doit réprimer son envie première de réagir, et la laisser tranquillement parler : permettre à sa femme d'exposer son point de vue n'invalidera pas forcément le sien.

Bien sûr, c'est plus facile à dire qu'à faire. Il faut une bonne dose de volonté pour vous retenir de juger les actes de votre partenaire quand ils ont un impact direct sur vous.

Prenons l'exemple de Karen et Bill. Ils venaient de signer l'acte d'acquisition de leur nouvelle maison. Proche du centre-ville et de l'école, dotée d'un grand jardin, elle représentait tout ce dont Karen avait rêvé. Pourtant, au moment de la signature, elle s'est sentie mal à l'aise. Elle était persuadée qu'ils venaient de commettre une grave erreur.

Karen était en fait saisie de « remords somptuaires », comme le sont beaucoup de gens quand ils viennent de faire un achat important. Bill, quant à lui, était ravi d'avoir obtenu son prêt et enchanté à l'idée qu'ils allaient enfin fonder une famille. Karen, de son côté, craignait que les intérêts ne soient trop élevés, qu'ils n'aient pas de quoi meubler la maison, et que le quartier ne soit pas aussi sûr que le prétendait l'agent immobilier. Mais, devant l'enthousiasme de Bill, elle cacha son inquiétude.

Ce n'est que dans la voiture que Karen laissa éclater son affolement.

– Bill, lui avoua-t-elle en pleurant, j'ai peur que nous ayons commis une terrible erreur !

C'est à cet instant que la réponse, soit va dans le sens de l'intimité, soit bloque totalement la communication. Si Bill réagit avec colère, se choque ou monte sur ses grands chevaux, Karen se fermera comme une huître ou paniquera deux fois plus. La situation explosera alors et les anéantira tous les deux. Si, en revanche, Bill retient sa réaction, pose sa main sur celle de Karen et tente de la réconforter, cela a toutes les chances de la rassurer et de la pousser à lui parler. Souvent, le fait même de se confier suffit à dissiper les craintes que l'on peut avoir. Ce qui a été le cas pour Karen. En acceptant de l'écouter, Bill l'a aidée à exorciser sa peur, et a approfondi la communication entre eux.

Le principe du panier vide

Rappelez-vous Lili et Charles, le couple qui s'est juré de faire de la communication la base de leur relation. Lili, donc, m'a parlé de ce qu'elle nomme le principe du « panier vide ». Une règle qui me paraît si cruciale qu'il m'est impossible de la passer sous silence.

Lili l'explique ainsi : nous avons chacun un petit panier, invisible, qui nous entoure l'esprit. Afin d'être au maximum de ses capacités et de garder un esprit zen, l'être humain préfère que ce panier reste vide et léger. Il arrive parfois que nous nourrissions de la rancœur, de la colère, ou de l'irritation, sans vouloir pour autant les déverser sur la personne à qui elles sont destinées, et que ces sentiments se changent en pierres. Chaque pierre trouve alors sa place dans le panier de notre esprit et y reste jusqu'à ce que nous décidions de nous en débarrasser.

Le problème survient quand des personnes, qui ont un panier – (et donc un esprit) – lourd, jouent à faire semblant que tout va pour le mieux. Quoi qu'elles fassent, le bruit des cailloux qui s'entrechoquent les distrait et les empêche de réfléchir, et leur poids nuit à leur mobilité. Le but, explique Lili, est donc de garder ce panier vide afin de pouvoir fonctionner sans entrave, sans le handicap d'une tête pleine de pierres.

Chaque fois que vous vous retenez de réagir quand votre partenaire vous provoque ou vous humilie, une pierre se matérialise dans votre panier. Chaque fois que vous vous empêchez d'exprimer un désir ou de la colère, la frustration qui s'ensuit fabrique une autre pierre. Imaginez donc le peu de temps qu'il faudrait à votre panier pour se remplir et se déverser sur votre partenaire sous forme de coups, de piques, de bombes chargées de sarcasmes ou de commentaires amers. En somme, une explosion de débris émotionnels.

Certains choisissent consciemment de se raccrocher à leurs pierres, en les polissant pour en faire des armes aussi dures que le diamant. Je connais une femme dont le mari était infidèle, et qui, plutôt que de tenter une approche par les sentiments, préférait garder son panier chargé de cailloux pour les lui jeter à la tête à la première occasion. Elle ne cessait de l'alourdir – non sans l'aide de ses amies, trop heureuses d'y ajouter le poids de leur indignation – et devenait complètement esclave de la rançon qu'il exigeait : une punition continuelle pour son mari.

L'idéal, dans une relation, est de se débarrasser des pierres aussitôt qu'elles apparaissent dans le panier. Les garder autour de votre front pour une raison ou pour une autre ne fera rien d'autre que de peser sur vous et votre couple.

Ne rien cacher de la vérité

Au cœur du principe du « panier vide » repose le commandement : Tu ne mentiras point. Vous croyez peut-être qu'il vous est impossible de dire la vérité par peur des conséquences. Si vous préférez mentir parce que vous pensez que vos paroles offenseront ou blesseront la personne qui vous écoute, dites-vous que vous lui faites encore plus de mal en vous taisant : non seulement vous chargez votre panier – ce qui finira, d'une manière ou d'une autre, par l'affecter elle aussi –, mais vous refusez de lui rendre service.

Chloé sortait avec Aaron depuis trois ans et n'osait lui avouer ce qu'elle pensait de sa façon de lui faire l'amour. Il était, selon ses dires, « nul et maladroit », et, en conséquence, elle avait le plus grand mal à réagir dans ses bras. Ce problème s'est bientôt étendu à l'ensemble de leur relation, la rancœur de Chloé augmentant un peu plus à chacun de leurs rapports.

Sentant qu'elle atteignait le point de non-retour, elle s'est dit qu'il lui fallait soit se confesser, soit mettre un terme à leur union, car elle était incapable de supporter plus longtemps une vie sexuelle aussi insatisfaisante. Elle a donc fini par en parler à Aaron et, bien que sa première réaction ait été un peu vive, il a exprimé peu après le souhait d'en apprendre un peu plus sur ce que désirait sa compagne et sur la façon de la satisfaire.

Cet aveu de Chloé leur a ouvert une porte sur un tout autre niveau de communication. Désireux d'explorer ensemble leur sexualité, ils se sont plongés dans des livres, ont recherché de nouvelles possibilités et se sont même rendus à des séminaires de sexe tantrique. Avec chaque nouvelle expérience, leur amour physique évoluait et, aujourd'hui, Chloé et Aaron ont une relation charnelle des plus satisfaisantes.

Il n'est jamais facile de dévoiler une vérité quand on a le sentiment que celle-ci peut blesser l'être cher. On est même tenté, parfois, de laisser se remplir le panier de pierres jusqu'à ce que le poids en devienne insupportable. Mais, pour finir, la charge est si lourde que l'on éprouve le besoin de tout lâcher, la seule option étant alors de mettre fin à notre relation avec l'autre.

Si vous éprouvez le besoin de vous débarrasser d'une pierre mais que la peur s'en mêle, demandez-vous quel est le pire scénario. Pour Chloé, c'était d'avouer à Aaron ce qu'elle ressentait, et de le voir alors si meurtri qu'il aurait pris son baluchon et serait parti en claquant la porte. Elle savait que cela aurait eu sur elle un effet dévastateur, mais elle se sentait capable de surmonter l'épreuve parce qu'elle ne pouvait pas vivre autrement que dans une relation où la vérité peut être exposée sans crainte.

Savoir formuler votre désir

Rien ne crée une pierre plus vite que de ne pas savoir demander ce que vous voulez. C'est la manière la plus rapide de s'installer dans la rancœur.

Zoé et Richard vivent ensemble depuis neuf ans. Chaque fois qu'ils partent en vacances, Richard se charge de tout, prend les billets d'avion, prépare l'itinéraire, réserve les chambres d'hôtel, pour arriver devant Zoé avec le voyage organisé de A à Z. Elle fait mine d'être ravie, mais regrette secrètement qu'il ne la laisse jamais choisir leur lieu de villégiature. Elle n'ose pas non plus le lui demander car elle ne veut pas paraître ingrate, estimant que, puisque Richard finance en totalité leurs vacances, c'est à lui de décider du pays qu'ils vont visiter. Cependant, chaque fois que Zoé ravale son envie de lui parler, cela ébrèche un peu plus son amour-propre, tant elle se reproche son incapacité à s'affirmer.

Il n'est pas toujours facile d'exprimer son désir. Beaucoup de gens, comme Zoé, craignent d'être pris pour des personnes capricieuses, ce qui, à leurs propres yeux, est un défaut répugnant. D'autres ont peur de se voir rejetés ou jugés sur ce qu'ils veulent, voire croient qu'ils ne méritent pas qu'on exauce leurs souhaits.

Si le fait de demander ce que vous désirez vous semble pénible, il faudra d'abord comprendre pourquoi vous pensez de cette façon. Si vous estimez que ce que vous souhaitez n'a pas d'importance, je vous conseillerai de relire la Règle 1 et de voir où vous mène cette conviction. Vous avez peut-être besoin d'une petite introspection pour remettre vos pendules à l'heure. Vous méritez d'obtenir ce que vous désirez. Si vous parvenez à vous en persuader, cela ne fera que vous faciliter les choses.

Si vos difficultés d'expression proviennent d'une crainte, il vous faudra démarrer doucement afin de ne pas précipiter les choses. Vous pouvez vous exercer à dire « Je veux » à tout bout de champ afin d'entraîner les muscles de votre bouche à prononcer ces mots. Ils finiront par se renforcer, jusqu'au moment où le fait de les articuler ne vous demandera plus aucun effort. Cela peut paraître ridicule, mais c'est efficace ! Enfin, quand vous aurez acquis un peu plus d'assurance, vous pourrez passer à la vitesse supérieure et déclarer : « Je voudrais aller en croisière plutôt qu'au ski » ou « Je voudrais habiter en ville plutôt qu'à la campagne ».

Arrangez-vous pour que vos proches sachent que vous travaillez sur le problème. Quand vous prévenez les gens que vous essayez de changer quelque chose en vous-même, vous êtes certain, en leur faisant part de vos objectifs, de pouvoir compter sur leur soutien.

C'est en créant la possibilité d'obtenir ce que vous voulez que vous pourrez affronter les craintes qui vous bloquent. Ou alors, vous pouvez vous accrocher à votre panier plein de pierres. À vous de choisir.

Apprendre à communiquer avec votre partenaire est un éternel recommencement. Il faut du temps, de la pratique, de la persévérance pour garder en permanence la ligne ouverte. À mesure que vous gagnez en compétence, cependant, vous permettez à l'énergie de circuler plus librement à travers votre couple. Chaque vérité dévoilée, chaque échange, chaque jugement retenu vous rapprochent un peu plus de votre partenaire et renforcent l'existence d'une connexion stable et profonde.

Règle n° 6
Négocier se révélera nécessaire

Par moments, votre couple traversera des impasses.
Si vous les appréhendez avec lucidité et respect,
vous trouverez des issues
dont les deux partenaires sortiront gagnants.

Vivre à deux, c'est savoir négocier, autrement dit chercher une issue qui corresponde aux besoins de chaque partenaire – créer ce que j'appelle une « solution où tout le monde gagne ». C'est indispensable dès qu'un différend apparaît entre les deux partenaires – ce qui se produira forcément un jour ou l'autre – et que la communication ne suffit pas à le débrouiller.

Bien que le terme « négociation » soit plutôt réservé aux transactions commerciales ou financières, vous découvrirez que le même principe s'applique à vos relations de couple. Si les professionnels recourent à la négociation, c'est bien qu'il s'agit du moyen le plus efficace de parvenir à une solution équitable. Indispensable chaque fois que deux personnes désirent aboutir à un accord, elle vous permettra de manœuvrer la tête froide à travers les pièges et chausse-trappes de la dissension.

Tous les couples auront à consacrer du temps et bien des efforts à leur seule survie. Passé l'exaltation des premiers moments où l'on se découvre amoureux, il s'agit ensuite de durer, jour après jour. Et c'est souvent là le plus difficile. Dans la Règle 5, nous avons vu que pour maintenir une relation, il était absolument essentiel d'entretenir une communication permanente. L'étape suivante étant la négociation, le meilleur moyen de pallier les contrastes de deux partenaires afin de retrouver chaque fois une cohésion viable et se sortir d'éventuelles impasses.

Lorsque deux êtres s'assemblent, ils ont à prendre des décisions dans le but de se construire une vie commune. Ce n'est pas toujours facile. Aussi, dès qu'interviennent des divergences dans les priorités, les valeurs, les styles ou les préférences, seule la négociation permet de parvenir à une solution.

Faire face aux divergences

Deux personnes qui s'assemblent ne se ressemblent pas forcément en tout. Pour fonctionner, une relation suppose un minimum de compatibilités et d'intérêts communs. Néanmoins, on peut affirmer, sans risquer de beaucoup se tromper, qu'un couple rencontrera à coup sûr des désaccords qu'il lui faudra surmonter. En fait, il existe tellement de divergences possibles à tous les points de vue qu'on peut même s'étonner qu'il y ait encore des gens pour se marier.

Pour commencer, vous et votre partenaire pouvez avoir des styles de vie dissemblables. Par exemple, Rick aime le rythme trépidant du centre-ville tandis que Jeannette est attirée par la banlieue. Thomas préfère les hôtels cinq étoiles et Jillian le camping. Dylan apprécie le luxe et le raffinement, Vanessa n'est à l'aise que dans la simplicité et l'authenticité. Michel se régale dans les restaurants chics alors que Dana se contente de la pizzeria du coin.

Quant à vos loisirs, ils peuvent être complètement à l'opposé : Sonia apprécie les films d'auteur, Marv n'aime que les comédies. Burt ne songe qu'à travailler, Edna adore faire du tourisme. Elaine se consacre aux sports nautiques bien que Marshall soit sujet au mal de mer. Patrick assiste à des matchs de basket alors que le sport ennuie Marci à mourir. Bonnie n'aime rien tant qu'arpenter les marchés aux puces mais Scott déteste faire des courses.

Vous pouvez également avoir des besoins différents de ceux de votre partenaire. Maura tient à se retrouver seule autant que possible mais Frank veut la rejoindre chaque fois qu'il le peut. Tracy est animée de puissantes pulsions sexuelles alors que Ron se contenterait volontiers de faire l'amour une fois par mois. Natalie recharge ses batteries en voyageant mais Chris se ressource à la maison avec quelques bons bouquins.

Vos goûts personnels ne seront pas non plus forcément au diapason. Mel aime les plats simples de son enfance tandis que Dotty ne jure que par la cuisine exotique. Martin apprécie l'architecture moderne, Betsy préfère les maisons à l'ancienne. Tracy aime Beethoven et Bud n'écoute que du rock.

Votre rythme n'est pas toujours le sien. Sam marche vite et d'un pas résolu, Lisa serait plutôt du genre à flâner. Jordan est du matin alors que Jerry veille une bonne partie de la nuit. Wendy a toujours un agenda plein de rendez-vous et d'invitations, Elliott se sent débordé s'il a plus d'un dîner par semaine.

Enfin, vos convictions peuvent aussi être le prétexte à des frictions. Amy est du genre économe lorsque Abe passe son temps à offrir des verres à ses copains. Howie vote à droite, Vivian à gauche. Alexander croit en Dieu, Annie est athée.

Comment vous comporter avec quelqu'un dont les dispositions s'écartent autant des vôtres ? Tout simplement en les acceptant telles quelles, sans chercher à faire de votre partenaire un clone de vous-même.

Trop de gens défendent encore la théorie du « diamant brut », or on ne « taille » pas son partenaire selon sa volonté pour en tirer le plus scintillant des bijoux. La tentation reste grande de changer les autres, néanmoins il est illusoire de penser qu'on pourra transformer un être et le modeler selon ses vœux. Chacun est le fruit de ses goûts, de ses quêtes, de ses aspirations : acceptons cela sans réserve.

Devant une décision à prendre, mon mari et moi réagissons de deux manières opposées. Intuitive de nature, je n'ai nul besoin de centaines d'informations pour parvenir à une conclusion, tandis que Michael, plus analytique, traque les renseignements avant de faire son choix. Vous imaginez à quel genre d'expérience nous conduit le simple fait d'aller faire des courses ensemble !

Un après-midi, nous devions lui acheter un blazer croisé bleu marine. Il en avait à peine essayé trois que j'étais prête à conclure l'emplette. Je songeais déjà à l'étape suivante alors que Michael désirait enfiler tous les modèles de sa taille à dix kilomètres à la ronde. Chacun de notre côté, nous aurions pu nous insurger sur la méthode de l'autre mais nous n'en avons rien fait. Voici comment nous avons résolu la situation : je me suis dit que Michael était Michael et qu'il avait besoin de ce genre de démarche pour fonctionner à sa façon, que je ferais preuve d'une bonne dose d'irrévérence et de puérilité si j'entendais le forcer à changer d'attitude. Je n'insistai donc pas et le laissai opérer toutes les « recherches » qu'il pouvait juger utiles. Après tout, j'avais accepté de l'accompagner, je pouvais donc le laisser mener cette acquisition à sa guise et me dire que c'était une façon comme une autre de passer un moment ensemble. Ainsi, je le regardai essayer plus de blazers bleu marine que je n'en avais vu de toute ma vie. Il s'amusait bien et, à mon tour, je m'amusai de le voir si content. Finalement, il n'acheta rien du tout, ce qui eût été impensable en ce qui me concernait, et nous passâmes un excellent après-midi.

Quelles que soient l'origine ou la nature de vos désaccords, votre partenaire et vous devrez tenir compte des souhaits et des besoins de l'autre si vous désirez vivre harmonieusement malgré d'inévitables variantes individuelles.

Sortir des impasses

Toute impasse vous empêche de progresser. Si votre partenaire et vous mettez trop en avant vos objectifs et vos désirs alors qu'ils s'opposent manifestement, il vous faudra soit continuer tête baissée par besoin d'avoir toujours raison, soit trouver un moyen terme acceptable par les deux parties. Selon votre choix, vous vous retrouverez embarqués dans un processus de négociation ou dans la bagarre.

Discuter n'est pas disputer

Aussi sûr que deux et deux font quatre, il arrive que les couples se disputent. Tous les conjoints, à un moment ou un autre, finissent par en découdre, parce qu'ils ne sont pas du même avis, parce qu'ils n'ont pas les mêmes désirs ou les mêmes besoins. Cependant, dans un vrai couple, on arrive à des compromis avant que le désaccord ne tourne à la controverse.

Si la discussion ressemble parfois à une querelle, elle en diffère largement de par les intentions. Quand on discute, c'est qu'on n'est pas du même avis, quand on se dispute, on s'accroche à ses idées avec la ferme intention de vaincre l'autre. Lorsqu'une conversation vire à la dispute, les partenaires campent sur leurs positions avec l'énergie de combattants décidés à mettre l'adversaire à terre.

Toute discussion repose sur un minimum de franchise. Lorsque vous vous disputez avec votre partenaire, l'un de vous au moins estime détenir la vérité. Si cette vérité revêt plus d'importance à vos yeux que la recherche d'une solution satisfaisante, vous vous braquerez jusqu'à ce que l'un des deux abandonne, ou brise la résistance de l'autre et « gagne » le combat. Cette dernière « victoire » est en général le fait de celui qui crie le plus fort, frappe le plus dur ou le plus sournoisement, ou sape la résistance de l'autre avec le plus de persévérance.

Dominer, gagner et perdre, ce sont là des termes qui conviennent davantage à un champ de bataille qu'à une relation amoureuse. Pourtant, ils interviennent trop souvent dans un couple en conflit. Pour peu que l'un d'entre vous gagne une bataille, c'est une guerre que vous risquez de perdre à deux.

Chaque litige entame un peu plus le tissu de votre relation ; chacune des paroles vindicatives échangées dans le feu de la colère écorne la confiance qui vous lie. Elles peuvent ouvrir des blessures plus profondes qu'un coup de poignard. Si vous en arrivez à redouter la confrontation, vos désirs et besoins risquent tout bonnement de s'étouffer pour ne resurgir plus tard que sous la forme de ressentiment.

Lors d'une énième dispute à propos des finances du ménage, André asséna à Roberta :

– On ne peut pas te faire confiance. Tu dépenses sans compter. J'ai envie de te supprimer tes cartes de crédit et ton chéquier. Tu es incapable de gérer un budget.

Ces paroles ont fait tellement mal à Roberta qu'elle s'est sentie rabaissée, considérée comme une petite fille inconsciente. André avait peut-être l'impression de ne proférer que des vérités mais son agressivité a blessé à jamais Roberta.

On peut ne pas chanter toujours d'une même voix. On peut aussi se quereller, parfois – tant qu'il s'agit de trouver une solution plutôt que de se heurter. Ce peut alors être une saine façon d'évacuer les émotions inhérentes à un désaccord.

En revanche, il est inacceptable de blesser celui que vous aimez pour le seul plaisir d'avoir raison. Méfiez-vous de ce que vous dites dans le feu de la passion. Concentrez-vous plutôt sur le but que vous visez et souvenez-vous que vous ne résoudrez rien en assassinant votre partenaire à coups d'imprécations plus ou moins bien senties.

Je gagne, tu perds

Dans les duels classiques, tout se termine avec un gagnant et un perdant. L'un des adversaires obtient ce qu'il veut aux dépens de l'autre. Une personne (le « gagnant ») l'emporte sur l'autre (le « perdant »). Le gagnant s'en tire à son avantage, laissant derrière lui un perdant humilié, abattu, plein de rancœur et d'animosité. Si la victoire donne satisfaction à l'un des adversaires, elle n'est pas sans prix.

Il existe une étape précise au cours de laquelle toute chance de négocier risque de virer à la joute « gagnant » contre « perdant » : lorsque la discorde entre les partenaires prend de telles proportions que l'on campe sur ses positions au risque de braquer l'adversaire. De son point de vue, chacun ne songe plus alors qu'à « monter un dossier » contre l'autre, en accumulant faits et preuves susceptibles de le discréditer. Dès lors, il ne s'agit plus que de compter les points. Ce qui ne constitue pas exactement le scénario idéal pour former un couple authentique.

Par exemple, Brian et Dede ont des opinions très arrêtées. Aussi têtus l'un que l'autre, ils ne cèdent pas d'un pouce. Dede voudrait passer les fêtes de Noël dans sa famille, Brian préférerait une escapade amoureuse en tête à tête. Chaque année, la même question revient sur le tapis, selon un canevas parfaitement rodé.

Dede soulève le sujet la première et émet le souhait de passer les vacances chez ses parents. À quoi Brian réplique invariablement :

– J'aimerais bien que cette année on aille quelque part de notre côté. Pourquoi pas dans une île ?

Aussitôt, Dede se sent agressée. Pas question de se laisser influencer ; il lui faut donc opposer des arguments irréfutables. Elle commence par le culpabiliser :

– Tu sais que mes parents se font vieux et qu'il ne nous reste peut-être pas beaucoup de Noëls à passer ensemble…

– Tu plaisantes ? Avec leur santé, ils vont tous nous enterrer.

Dede attaque alors d'un autre angle :

– On s'amuse trop quand toute la famille est réunie. On mange bien et les enfants sont si contents !

Naturellement, Brian n'est toujours pas d'accord.

– Avec ces gamins qui s'empiffrent et nous braillent dans les oreilles, on ne peut plus placer un mot sans hurler nous-mêmes.

Sentant, qu'elle perd du terrain, Dede s'efforce de le raisonner :

– C'est la seule fois de l'année où on peut prendre le temps de bavarder, de faire de la vraie cuisine, de se retrouver. C'est important.

Brian comprend qu'elle risque de gagner la partie et change de tactique :

– Imagine-nous, pour une fois, loin de ce brouhaha, à siroter un cocktail sur une plage tranquille. On pourrait faire de la plongée, de la voile, s'offrir des balades au clair de lune. Ça ne te tenterait pas davantage ?

Vexée, Dede ne joue plus :

– Espèce d'égoïste, tu te fiches pas mal de ma famille !

Brian se croit accusé à tort et se rebiffe :

– Et toi tu te fiches de notre couple ! Tu accordes plus d'importance à tes frères et sœurs qu'à moi. Tu n'as rien compris !

C'est le point de non-retour. Brian et Dede sont maintenant braqués l'un contre l'autre, ils ne songent plus qu'à gagner la partie, à tout prix. Tout est bon, insultes, accusations, manigances, pourvu que l'adversaire mette le genou à terre. Bien entendu, les sentiments ne sortiront pas intacts de l'histoire.

Le problème est double : d'abord aucun des deux partenaires ne risque de se rendre aux thèses de l'autre, ensuite ils s'enfoncent chacun de plus en plus profondément dans leurs positions, au risque de ne jamais rejoindre le terrain de la négociation. Ils ne songent plus qu'à l'attaque, à la défense et à la revanche – escalade qui risque de les mener tout droit à la guerre pure et simple.

Tout à son objectif de « gagner », on ne peut tenir compte des répercussions de cette bagarre sur l'autre. C'est bien joli de gagner une bataille mais qui peut s'en vanter si c'est pour voir cesser tous rapports entre les belligérants ? À un moment donné, Brian finira par céder et accompagnera à contrecœur Dede chez les siens, ou bien celle-ci acceptera de passer Noël dans une île mais n'y prendra aucun plaisir. Ni l'un ni l'autre n'ont songé à proposer une solution propre à satisfaire son conjoint.

Brian et Dede n'ont jamais appris à négocier, aussi, dès que ce sujet sensible revient sur le tapis, chacun regagne son cantonnement et le défend avec véhémence. Ils savent lancer des hostilités, lutter âprement, parfois remporter une amère victoire, mais certainement pas collaborer.

Négocier une solution où tout le monde gagne

Une solution où tout le monde gagne apporte à chaque partie l'impression d'avoir obtenu ce qu'elle voulait sans rien céder. Plutôt que de recourir à l'alternative – « l'un ou l'autre » –, on se voit attribuer « les deux ». De prime abord, cette option peut sembler pour bien des gens beaucoup plus contraignante qu'elle ne l'est vraiment. Tout simplement parce qu'il ne s'agit pas de satisfaire les besoins de l'un aux *dépens* de l'autre.

Ce n'est pas parce que leurs points de vue sont opposés qu'ils sont impossibles à satisfaire. Si une personne aime le jazz et l'autre le rap, ce n'est pas pour autant qu'un seul des deux partenaires pourra écouter la musique qui lui plaît. Il suffit de trouver un moyen pour que les *deux* puissent assouvir leurs préférences. Certes, avoir toujours raison est bien agréable et l'on préfère gagner plutôt que de se rallier aux vues du partenaire. Pour beaucoup, transiger revient à céder devant l'adversaire. Mais cela n'est valable que si vous baissez les armes pour accepter une solution qui vous satisfait moins que celle que vous proposez. En revanche, dans le processus de la solution où tout le monde gagne, il n'est pas question de céder et chaque partie obtient ce qu'elle désirait.

Avant toute chose

D'abord, il s'agit de respecter mutuellement les besoins et les souhaits de l'autre. Ceux de votre partenaire ne sont pas moins essentiels que les vôtres. Si vous commencez par rabaisser les siens, vous vous braquez avant même d'avoir donné à la discussion la moindre chance d'aboutir.

Sally aime les séries télévisées et elle enregistre les épisodes diffusés dans la journée pour pouvoir les regarder le soir. Son conjoint Dominick considère de son côté la télévision comme une pure perte de temps et estime que Sally pourrait occuper ses loisirs de multiples manières infiniment plus enrichissantes. Il ne cesse de lui dire d'éteindre le poste, de railler cette distraction ridicule. Le jour où Sally a voulu trouver une solution qui le satisfasse en lui offrant la tranquillité qu'il désirait tout en lui permettant, à elle, de continuer à regarder ses feuilletons préférés, il lui a ri au nez en refusant de poursuivre la conversation. C'était l'impasse.

À l'évidence, vous devrez arriver à la table des négociations prêt à entendre ce que votre partenaire a à dire. Si vous êtes trop orienté sur vos propres souhaits, vous risquez de ne pouvoir entendre les siens, coincé dans vos convictions, incapable d'envisager un autre point de vue. Pour sortir de ce cul-de-sac, il vous faut avant tout posséder un authentique désir de trouver une issue. Ce désir vous ouvrira les yeux sur un nouveau modèle où il sera davantage question de faire « comme nous voulons » plutôt que « comme tu veux » ou « comme je veux ».

Le processus de négociation

En procédant par étapes, vous obtiendrez sans mal une solution acceptable de part et d'autre.

Tout d'abord, votre partenaire et vous devez faire part de vos souhaits. Il suffit parfois de jouer cartes sur table pour s'apercevoir qu'on était d'accord. Si ce n'est pas le cas, vous pouvez alors passer à l'étape suivante.

Il s'agit d'évaluer le dénouement auquel vous souhaiteriez *tous deux* parvenir. L'important est de déceler une réponse susceptible d'exaucer un vœu commun à *tous les deux*. En général cela suppose de fouiller au-delà du souhait lui-même, de sonder l'objectif sous-jacent. Par exemple, pour Brian et Dede, il s'agirait non pas de se rendre dans la famille de celle-ci, ni dans une île, mais de définir une volonté commune correspondant à « passer les vacances ensemble de façon à recharger agréablement les batteries. » Ni l'un ni l'autre n'y trouveraient à redire et cette approche constituerait un bon tremplin.

La troisième étape consiste à établir qui veut quoi et pourquoi, puis à définir comment transformer votre souhait commun en réalité. La première question à poser est alors celle-ci : « Que pouvons-nous faire pour que tu obtiennes ce que tu souhaites *et* que j'obtienne ce que je souhaite ? » À mesure que les réponses se présenteront, vous vous rapprocherez de la solution.

Si Brian avait verbalisé clairement son souhait de passer quelque temps en tête à tête avec Dede tout en se reposant au soleil, elle aurait alors compris quelle importance accorder à cette histoire de vacances sur une île. De même, si Dede avait expliqué quelle expérience émotionnelle et spirituelle elle tirait de ses Noëls en famille, Brian aurait mesuré l'étendue de son désarroi. Sans doute auraient-ils pu alors trouver un arrangement qui leur permette par exemple de passer la nuit de Noël dans la famille de Dede puis de partir le 26 décembre pour les Bahamas.

Les étapes efficaces

Claudia et Mark avaient décidé d'acheter une nouvelle voiture. Lui désirait un véhicule de sport tandis qu'elle cherchait une berline bien confortable. Mark n'avait pas peur de l'équipement simple et rude d'un 4 x 4, quant à Claudia, si elle avait pu mettre quatre roues à son canapé, elle n'aurait pas choisi de parcourir autrement les autoroutes. Ils n'étaient incontestablement pas sur la même longueur d'onde.

Claudia se dit alors : « Il n'a qu'à s'acheter sa voiture, moi j'en prendrai une autre et l'affaire sera réglée. »

À quoi Mark répondit :

– Mais, on n'a pas les moyens de s'offrir deux voitures !

Puisqu'elle n'avait pas apporté la solution il allait leur falloir négocier.

Pour Mark et Claudia, pas question de défendre un point de vue bec et ongles. Ils avaient déjà donné avec d'autres partenaires, ils savaient que le jeu n'en valait pas la chandelle. Bien que chacun estimât son choix préférable, ils tenaient surtout à faire cet achat sans que l'autre soit déçu. Aussi se mirent-ils à la recherche d'un véhicule qui remplisse les conditions de chacun.

Il leur fallait d'abord définir les points sur lesquels ils étaient d'accord puis établir les critères auxquels chacun tenait le plus. Ils commencèrent par convenir d'un élément positif : ils désiraient tous deux changer de voiture. Ensuite ils s'accordèrent sur le choix d'une occasion. En outre, ils excluaient un véhicule de plus de cinq ans, un trois-portes, un changement de vitesse manuel, une camionnette ou une décapotable, une couleur noire, rouge, blanche ou jaune.

Une fois qu'ils eurent déterminé leurs points de convergence, ils ajoutèrent en quoi chacun tenait à son idée de départ. Mark aimait les grosses voitures de sport parce qu'elles étaient agréables à conduire. Claudia répéta que le confort primait parce qu'elle pouvait se reposer pendant les longs trajets. Ayant ainsi exposé leurs différents critères, il leur devenait plus facile de constater quel était le plus important aux yeux de chacun. Très vite, ils purent établir une liste des équipements susceptibles de satisfaire les deux partenaires. Ce qui allait leur permettre d'éliminer d'office les modèles ne correspondant pas à ces définitions.

Ils poursuivirent leurs recherches et, en fin de compte, s'entendirent sur une voiture qui leur plut à tous deux. Un véhicule robuste mais souple, agréable à conduire, aux équipements luxueux. Chacun avait trouvé satisfaction, aucun n'eut l'impression d'avoir « perdu ». Le secret de cette négociation réussie réside dans le fait qu'ils ont tous deux assoupli leur position au lieu de se braquer. Bien qu'aucun n'ait obtenu exactement le véhicule auquel il pensait au début, ils sont contents du résultat. Ils ont trouvé une solution qui répond aux points essentiels pour chacun. Cette réussite est due avant tout au fait que les deux partenaires ont songé à leurs vrais besoins plutôt qu'à remporter une victoire aux dépens de l'autre.

Points de friction

Certains domaines de votre vie commune peuvent être la cause de frictions répétées. Ces « points névralgiques » sont provoqués par des conflits qui s'attisent dès qu'ils font surface. Par exemple, votre partenaire et vous avez peut-être des projets différents pour la façon de passer vos soirées ou les week-ends à venir. Si vous ne négociez pas une solution où tout le monde gagne, il y a des chances pour que vous vous disputiez à l'occasion de tous les prochains ponts.

Mallory n'aime guère fréquenter les amis de son mari Chuck, tous issus de son cabinet d'avocats. En fait, si elle apprécie les hommes, elle ne peut s'empêcher de critiquer leurs épouses et n'est pas à son aise au milieu de ces femmes qui l'accueillent à contrecœur dans le petit groupe qu'elles forment depuis des années. Cependant, en tant que compagne de Chuck, elle se sent obligée de les fréquenter. Chaque fois qu'il lui annonce une nouvelle sortie, elle se crispe et une dispute éclate.

Chuck explique alors que non seulement il s'agit pour lui de sortir avec ses collègues, que c'est important pour son travail, mais qu'il les considère comme des amis sincères. Quant à Mallory, elle estime qu'il n'a pas à exiger qu'elle s'associe à leurs dîners, pique-niques ou autres cocktails, tous deux se braquent et campent sur leurs positions.

Mallory et Chuck doivent non seulement apprendre à sortir de cette spirale de disputes mais aussi négocier une solution durable. Pour plus d'efficacité, il vaudrait mieux entreprendre ce genre de tractation à froid. Si vous engagez une « pré-négociation » qui vous permette d'établir une liste de vos différends, vous parviendrez à un pacte de non-agression qui débrouillera la situation le moment venu. Le seul moyen d'apaiser les points de friction consiste à anticiper leur apparition.

Par exemple, Mallory et Chuck pourraient discuter de leurs démêlés à un moment où ils n'ont aucune sortie prévue, ce qui les aiderait à rationaliser et minimiser le risque de retomber dans leurs éternels modèles émotionnels. Ensuite, ils pourraient par exemple décider que Chuck ne demanderait à Mallory de l'accompagner qu'aux événements les plus importants, qui requièrent vraiment sa présence. Chaque fois qu'elle viendrait avec lui, il ferait son possible pour qu'elle passe de bons moments. En échange, Mallory s'efforcerait d'assister aux réunions qui semblent importantes à Chuck et tâcherait d'y faire bonne figure, sinon de s'y amuser… Cet accord établi, ils seraient dès lors prêts pour répondre à une nouvelle invitation du groupe. De plus, ils pourraient s'y référer si l'un des deux venait à manquer à sa parole.

Tous les couples ont des points de friction. Cependant, lorsque l'on en connaît la cause, lorsque l'on entame d'avance des négociations, il est plus aisé de se sortir de ces continuelles impasses. On peut alors consacrer l'énergie ainsi économisée à bâtir et consolider son couple.

Quels sont les points de friction de votre couple ? Dressez-en une liste et trouvez le temps d'en discuter avec votre partenaire afin de négocier une solution où tout le monde gagne.

Il n'est pas spécialement facile d'apprendre à vivre à deux en toute harmonie. Votre partenaire et vous arrivez chacun avec vos souhaits et vos exigences spécifiques, avec vos points de vue et vos principes, toutes choses qui peuvent prêter à conflit un jour ou l'autre. À ce moment-là, il faudra trouver un moyen de vous en sortir l'un et l'autre la tête haute, dans la mesure où « nous » sommes constitués de deux « je » différents, qui ont chacun autant besoin d'être entendu et respecté afin que le voyage à deux se poursuive dans la douceur et la sérénité.

Règle n° 7

Votre relation sera soumise à l'épreuve des changements

La vie présente parfois des virages abrupts.
À vous de les négocier pour ménager votre couple.

Dans la vie, une chose au moins est certaine : tout change. C'est même à peu près la seule constante sur laquelle on puisse compter. L'univers entier est en état de perpétuel changement et, jour après jour, la vie nous présente de nouvelles données, de nouvelles trames qu'il nous faut incorporer à notre quotidien.

Les gens refusent souvent d'imaginer que leur existence et tout ce qui les entoure puissent se transformer. Ils entament une relation, persuadés qu'ils éprouveront toujours les mêmes sentiments, que leur quotidien restera en gros semblable. Cependant, pour peu que vous examiniez le déroulement des dix, vingt ou trente dernières années, songez à tous les changements que vous avez eus à subir, songez combien vous êtes différent de ce que vous étiez à dix, à trente, voire à cinquante ans. Multipliez ces changements par deux, puisque vous êtes deux, et vous verrez quelle importance il faut accorder aux évolutions de la vie.

Au cours de votre relation, votre partenaire et vous aurez ainsi à faire face à de nombreuses transformations, aussi bien individuellement qu'à deux. Du jour où un être devient le compagnon de votre voyage dans l'existence, vous aurez à négocier tous les virages qui se présenteront.

Ils pourront prendre de nombreuses formes différentes, que ce soit sur le plan des finances, de la santé, de vos carrières. Ils pourront affecter votre lieu de résidence, votre famille. Vous pourrez perdre un être cher. Peut-être vos sentiments vont-ils se modifier, vos perspectives s'altérer, vos croyances évoluer. Avec votre partenaire, vous pourrez tout aussi bien recevoir de bonnes surprises, éprouver des joies inattendues que subir des malheurs et des chagrins imprévus. Quoi qu'il arrive, épreuve ou bienfait, quelles que soient vos réactions à l'un ou à l'autre, tout changement servira de révélateur et de test pour les structures de votre union.

Un changement peut soit vous rapprocher de votre partenaire, soit vous en éloigner. En fin de compte, le succès de votre relation dépendra de votre réceptivité aux changements. Au pire, ceux-ci pourraient vous amener à rompre, au mieux à établir un lien étroit entre vous qui pourrait renforcer votre union et vous amener à des niveaux inespérés d'intimité. À vous de choisir.

Les effets du changement sur votre relation

Dans une vie de couple, certains changements équivalent à ce que j'appellerais des « tremblements de vie », susceptibles de provoquer des secousses, des dégâts et des effets secondaires dignes d'un sol instable. Tout d'un coup, vous ne reconnaissez plus la réalité dans laquelle vous viviez, rien ne ressemble plus à rien, votre milieu est bouleversé. Il faudra de solides protections antichoc à votre couple pour en amortir l'impact.

Contraintes sur la solidité de votre relation

Ces changements opéreront des contraintes sur les fondements de votre relation. C'est votre réaction conjointe à ces changements qui renforcera ou non la robustesse de votre association. De telles crises mettent à l'épreuve la puissance du « nous » et c'est dans ces moments-là que « nous » pouvons puiser une nouvelle vigueur.

On dit que les difficultés forgent le caractère. Par « caractère », nous entendons habituellement détermination, persévérance, intégrité et courage de défendre ses opinions. De même, les épreuves modèlent-elles le caractère d'une relation. Toute relation possède son cœur et son âme propres et les changements auxquels elle doit faire face permettent à son cœur de s'approfondir et à son âme de s'épanouir. Le caractère de votre relation ne fera qu'augmenter à mesure que vous surmonterez de nouveaux tremblements de vie.

Nikki et Tom viennent de traverser une année tumultueuse. Pour commencer, Tom a perdu sa mère, ensuite, Nikki a fait une fausse couche. Entre-temps, l'entreprise de Tom a été cotée en bourse, ce qui leur a rapporté énormément d'argent et a permis à Tom d'en devenir vice-président. À peine avaient-ils eu le temps de se remettre de leurs émotions – tout changement, en bien ou en mal, provoque son lot d'émotions – qu'un nouveau séisme arrivait, remettant leur équilibre en péril. Néanmoins, ils ont pu surmonter chaque vicissitude, au point de se réjouir de certaines d'entre elles et d'en tirer le meilleur. Ce qui leur a permis de se rapprocher. Ils forment désormais un couple beaucoup plus solide et beaucoup plus uni. S'ils avaient eu le choix, ils auraient certainement préféré passer une année plus paisible, moins turbulente mais, en fin de compte, elle s'est révélée des plus bénéfique pour leur relation.

Ce sont les fondations mêmes de votre couple qui peuvent chanceler lorsque se produit un changement inattendu, positif ou négatif. Chacun éprouvera la solidité de sa patience, de sa tolérance et de son aptitude à communiquer, à négocier, à partager. Selon la solidité de votre relation, vous pourrez ou non surmonter ces changements et tenir d'aplomb malgré les tremblements de vie.

La profondeur de votre engagement

Ces changements mettront votre loyauté à l'épreuve. Une fois que vous êtes engagé dans une relation, il semble assez facile de vous y tenir tant qu'elle est stable, routinière et confortable ; vous avez alors l'impression de contrôler votre quotidien. Vous savez ce qu'on attend de vous et vous vous en tenez sans peine à votre rôle.

Il n'est pas difficile de poursuivre une relation tant qu'on sait où on va. En revanche, dès que le scénario commence à dévier de sa trajectoire, on a tendance à réexaminer son choix initial et à se demander si on va tenir le coup longtemps.

Mary et Simon étaient mariés. Durant leur voyage de noces, Simon a eu un accident d'auto. Malgré tous les efforts des médecins, il est resté paralysé à partir du bassin, condamné à vivre dans un fauteuil roulant.

Mary s'est retrouvée face à un changement auquel rien ne l'avait préparée, bien qu'elle ait promis quelques jours auparavant d'aimer Simon « pour le meilleur et pour le pire ». Il lui a fallu un certain temps pour se rendre compte de ce qu'allait impliquer pour elle un tel engagement mais elle se dit qu'elle aimait Simon pour ce qu'il était, non pour son aptitude à marcher.

Lorsqu'un fossé se creuse entre la vie que vous vous êtes imaginée et la réalité qui se profile à l'horizon, c'est la profondeur de vos sentiments qui se trouve mise à l'épreuve. Vous sentez-vous de taille à tenir la distance, même si elle s'avère différente de ce que vous espériez ? La réponse ne va pas de soi mais c'est pourtant une question que vous pourriez avoir un jour ou l'autre à vous poser.

Comment réagir au changement

En tant que conseillère de gestion, je travaille souvent avec des entreprises qui désirent enseigner à leurs cadres et employés comment faire face aux changements. Entre les fusions, les acquisitions, les restructurations, les cessions et les nouvelles techniques, le monde du travail ne cesse d'évoluer. Les chefs d'entreprise savent que s'ils désirent assurer le succès de leur société, ils doivent apporter une attention toute particulière à la façon dont les changements sont absorbés dans l'infrastructure de leur organisation et donner à leurs employés l'information et les outils qui permettront une transition en douceur. Pour cela, une firme se doit de posséder une structure solide, la souplesse qui lui permettra d'incorporer de nouvelles initiatives et les ressources susceptibles de tout faire fonctionner.

Pour faire face aux changements dans une relation amoureuse, il faut agir de même. Certes, celle-ci implique des degrés de vulnérabilité et d'émotivité qui ne sauraient avoir leur place sur un lieu de travail. Néanmoins, la démarche reste comparable.

Afin de mieux affronter les divers changements de la vie, votre couple devra donc remplir ces trois exigences de base : une structure solide (pour tenir contre vents et marées), de la souplesse (« je plie et ne romps pas ») ainsi que les ressources susceptibles de vous faire réagir en fonction de la situation. Dès lors, vous en tirerez des fruits plus que satisfaisants.

Une base solide

La vie change, des difficultés surgissent, les circonstances évoluent. Pour survivre au temps et aux changements qu'il implique, toute relation doit reposer sur une structure d'acier. Votre façon de communiquer, de coopérer et de vous comporter l'un envers l'autre, tout cela constitue la base de votre couple et détermine votre réaction face aux tempêtes ou aux rayons de soleil. Comme le dit un de mes amis :

« L'important, ce n'est pas ce qui vous arrive mais comment vous y faites face. »

Adam est venu me voir peu de temps avant son mariage ; c'était moi qui devais officier, aussi pensait-il que je lui serais de bon conseil pour répondre à ses inquiétudes grandissantes. Il craignait de ne pouvoir tenir longtemps et ne savait trop comment s'approprier la formule « pour le meilleur et pour le pire ». Il m'apprit ainsi que ses parents avaient divorcé alors qu'il était encore enfant. Je lui demandai de me raconter toute l'histoire.

Son père, Donald, possédait déjà une belle fortune lorsqu'il rencontra Tara, sa mère. En revanche, la famille de celle-ci avait toujours connu des difficultés pécuniaires. Si bien que Donald lui offrait non seulement sa tendresse mais un niveau de vie dont elle n'avait osé rêver. Il faut dire qu'avec ses cheveux aile de corbeau et ses traits fins, Tara était d'une exceptionnelle beauté. Ils se marièrent six mois après leur première rencontre.

Tous deux s'établirent dans un mode de vie qui leur convenait parfaitement, quoique superficiel. Tara appréciait le luxe et la liberté financière, Donald aimait à exhiber partout sa ravissante épouse et elle-même s'en flattait. Apparemment, ils se satisfaisaient chacun de cet échange de bons procédés. Adam naquit au bout d'un an et tous deux saluèrent son arrivée avec fierté si ce n'était avec cœur. Dix ans passèrent ainsi et, bien que leur relation ne soit pas des plus tendre ni des plus sincère, ni l'un ni l'autre ne s'en plaignait.

Puis ce fut la crise. La bourse s'effondra et les affaires de Donald périclitèrent. Il leur fallut changer complètement de mode de vie, ce qui causa une énorme tension dans le couple. Ils n'avaient pas appris à se tirer ensemble de quelconques difficultés, aussi y firent-ils face chacun de leur côté. Les choses semblaient s'améliorer lorsque Tara apprit que le grain de beauté sur sa joue était une tumeur maligne qu'il allait falloir enlever. Si le bistouri la débarrassa de ce souci, il lui laissa une cicatrice visible.

Tout convergeait pour que le couple de Tara et Donald ne résiste pas davantage aux pressions extérieures. Lui se sentait coupable, elle se voyait amoindrie ; incapable de se raccrocher à autre chose que le luxe et la beauté, leur relation n'avait aucune chance.

Je dis à Adam qu'étant donné les circonstances, ses craintes n'avaient rien d'étonnant. Lui-même en avait pris conscience à mesure qu'il me racontait son histoire ; en même temps, il comprit combien sa fiancée et lui étaient différents de ses parents. Ils avaient structuré leur couple sur la confiance, l'honnêteté et un échange sincère de leurs idées. Il ne lui restait qu'à s'ouvrir à elle de ses craintes. D'où il conclut avec moi que, fondée sur de telles bases, sa relation était de force à traverser le meilleur comme le pire. Peu après, je menai à l'autel ce jeune couple uni par un lien presque palpable et je puis jurer qu'ils seront capables de surmonter les changements de la vie.

Souplesse

Au-delà de l'indispensable structure d'acier, votre relation doit également posséder la souplesse qui lui permettra d'amortir les irrégularités de la route. Imaginez-vous embarqué sur des montagnes russes : si vous gardez les muscles tendus, vous heurterez les parois du wagon et en sortirez plein de plaies et de bosses.

Mon mari et moi portons des alliances formées de chaînons d'or qui épousent les contours de nos doigts, plutôt que des anneaux rigides. Nous les avons choisies pour symboliser notre union : forte et durable quoique assez souple pour supporter le changement. Ces alliances nous rappellent chaque jour que nous devons rester liés mais malléables si nous voulons que notre relation supporte les hauts et les bas de l'existence.

La souplesse suppose de ne pas s'accrocher à *ce qui a été*. Chaque fois qu'un changement intervient, *ce qui a été* cesse d'exister et *ce qui arrive* devient la norme. Un changement signale qu'une page a été tournée, qu'il faut passer au chapitre suivant. Seule une grande souplesse vous permettra de retomber assez vite sur vos pieds plutôt que de vous accrocher aux valeurs passées.

Francine et Greg étaient mariés depuis douze ans quand Francine a décidé de monter sa propre société. Elle n'a cessé de dire à Greg que cela ne changerait rien à leur relation et il l'a crue. Pourtant, une fois qu'elle s'est lancée, les impératifs se sont multipliés, absorbant tout son temps. Elle ne rentrait pour ainsi dire plus dîner à la maison – un rituel auquel naguère Greg et elle tenaient beaucoup pour voir leurs enfants. Elle passait de nombreux week-ends à travailler au lieu de rejoindre la famille sur leur bateau. Les rares moments où elle arrivait à se libérer, elle était si fatiguée qu'il lui devenait impossible de se reposer. Bien que Francine ait tenu à conserver toutes ses responsabilités familiales, elle ne parvenait plus à tout assumer et se sentait de plus en plus souvent dépassée.

Greg commençait à lui en vouloir du temps qu'elle consacrait à son travail. Il regrettait les moments paisibles passés en sa compagnie et sentait qu'ils s'éloignaient l'un de l'autre faute de se voir plus souvent. De plus, il n'était pas très content d'avoir hérité des tâches ménagères qu'elle ne remplissait plus, sans parler de l'éducation des enfants.

Ils se disputaient souvent et, comme elle culpabilisait, Francine s'efforça de rentrer davantage à la maison pour le dîner, ce qui l'obligeait ensuite à passer le reste de la soirée devant les dossiers qu'elle avait rapportés. Elle s'arrangea pour rejoindre plus souvent Greg sur le bateau. Et cela continua ainsi jusqu'à ce qu'il la voie s'endormir sur la table à la fin d'un repas.

C'en était trop. Greg et Francine étaient tellement attachés à leur ancien mode de vie que ni l'un ni l'autre n'avaient pris conscience de leurs nouvelles obligations. Ils finirent par le reconnaître et admirent que la situation exigeait de leur part une certaine souplesse ; il leur faudrait également renégocier les termes de leur relation plutôt que de tenter à tout prix de faire entrer ces nouveaux éléments dans les anciens moules.

Un changement n'est pas une passe transitoire. Il ne s'agit pas de le traverser pour revenir ensuite à la case départ. Votre existence d'avant a changé, plus ou moins radicalement, et il va falloir vous accoutumer à ces nouveaux éléments qui interviennent désormais dans votre vie commune.

Réagir aux changements

Un changement peut intervenir sous diverses formes ; il peut concerner l'un des partenaires, par exemple dans le cas d'une perte d'emploi ou d'une maladie. Il peut également concerner chacun de vous, par exemple en cas de déménagement ou pour la naissance d'un enfant. À moins que vous n'ayez à gérer les conséquences d'une évolution personnelle ou spirituelle de l'un d'entre vous, par exemple s'il désire reprendre ses études ou changer de religion. Quoi qu'il en soit, il vous reviendra à tous les deux de réagir en fonction de votre relation et de négocier une nouvelle stratégie.

Kurt Lewin, l'un des pères du développement organisationnel, a conçu un modèle de changement composé de trois phases : gel, dégel, regel. La première phase, le gel, représente le stade précédant le changement. C'est alors que le statu quo est en place, que tout semble établi d'avance, rassurant, familier, stable et certain. On sait à quoi s'attendre l'un de l'autre, comment opère la dynamique de l'un vers l'autre et ce qui rend la vie agréable. Le mot qui correspond le mieux à ce stade est « normal », dans la mesure où tout fonctionne selon les normes établies.

La deuxième phase du changement est le dégel, ou stade de débâcle. C'est alors que frappe le tremblement de vie et que les débris de votre existence à deux s'égaillent dans tous les sens. L'existence devient imprévisible, instable, incompréhensible, aléatoire, incertaine et incontrôlable. Si bien qu'elle vous paraît perturbée, désorganisée et inquiétante. L'onde de choc fait trembler vos structures et les garde-fous auxquels vous vous raccrochiez ont disparu. Votre sincérité et votre résistance sont mises à l'épreuve. Le chaos est directement proportionnel à la brutalité de l'impact.

La troisième phase de changement est le « regel ». C'est alors que de nouvelles normes sont mises en place. Vous vous organisez pour réparer les dommages causés par le tremblement de vie et construire de nouveaux gardefous auxquels vous raccrocher. Votre entourage retrouve un aspect familier et prévisible, vous reprenez la main.

Survivre à la débâcle

La première phase, le stade du gel, n'a rien de très stimulant dans la mesure où tout se passe comme prévu. Il ne faut pas faire preuve d'une exceptionnelle persévérance ni d'une créativité hors du commun pour assumer le statu quo. La deuxième phase, le stade du dégel voit se produire la débâcle et c'est alors qu'il faut vous retrousser les manches. Lorsque les choses commencent à changer, tout ce que vous avez appris jusque-là se voit remis en question.

Deux étapes vous permettront de gérer ensemble le processus du dégel : révélation et négociation. Avant tout, vous devrez avouer et partager avec votre partenaire vos vérités profondes. Il vous faut être clair et honnête sur ce que vous ressentez et expliquer à quel point ce changement vous affecte l'un et l'autre. Par exemple, Francine et Greg n'ont pu efficacement assumer le changement de leur vie qu'à partir du moment où ils ont révélé ce qui se passait réellement en eux et ce qu'ils en éprouvaient. Dès que Francine a reconnu qu'elle était épuisée, dès que Greg a admis qu'il se sentait abandonné, les éléments se sont mis en place devant eux. Il ne leur restait qu'à passer à la seconde étape : ranger ces pièces selon un nouveau schéma grâce à la négociation.

Une renégociation ne diffère de la négociation qu'en ce qu'elle suppose que vous abandonniez votre premier modèle pour ébaucher et adopter une alternative. Il vous faudra évaluer la situation, examiner tous les éléments avant de vous atteler à élaborer une nouvelle stratégie qui fonctionne pour chacun de vous.

En traversant les étapes de l'aveu et de la renégociation, vous et votre partenaire pouvez établir de nouvelles normes. Sans doute vous faudra-t-il de la patience mais, finalement, vous vous y sentirez aussi à l'aise que dans les anciennes. Vous pourriez presque vous attendre à ce qu'une fois que les normes seront établies, un autre tremblement de vie se produira et qu'il vous faudra reprendre tout le processus de renégociation. Le changement est une constante que nous devons apprendre à intégrer dans notre existence.

Une histoire de survie

Ross et Meredith ont longtemps essayé d'avoir des enfants mais en vain. Après des années d'analyses et de tentatives d'insémination, la médecine ne pouvait plus rien pour eux, aussi décidèrent-ils d'en adopter un.

Ils trouvèrent une jolie petite fille qu'ils appelèrent Joy, pour souligner le bonheur qu'elle leur donnait. Cependant, comme tout bébé qui se respecte, Joy apporta en même temps jubilation et chaos et bouleversa leurs vies. Ross et Meredith restèrent aussi gais que possible tout en apprenant à jongler entre carrières, couches et tétées à 3 heures du matin. À peine commençaient-ils à s'y habituer que Meredith s'aperçut qu'elle était enceinte – de jumeaux ! Schéma qui se produit si souvent que leur conseillère en fut à peine surprise.

Jamais Ross et Meredith n'auraient songé avoir trois enfants, encore moins à la fois. Comment allaient-ils s'occuper de trois bébés ? Comment maintenir leur niveau de vie si l'un d'eux devait rester à la maison pour élever les enfants ? *Où était passée cette tétine ?* Leurs existences se retrouvaient sens dessus dessous, à commencer par leur maison, leurs finances, leurs emplois du temps et leurs émotions.

Ross et Meredith expérimentaient une pleine phase de débâcle. Ils devaient s'organiser pour surnager et passer de leurs petites habitudes à ce tohu-bohu. Un beau jour, ils s'assirent à la table de la cuisine et se mirent à exposer toutes les idées, toutes les sensations, toutes les inquiétudes qui les travaillaient depuis quelque temps. Puis ils firent la liste des éléments qu'il leur fallait modifier, tâchèrent de prévoir ce dont ils allaient avoir besoin au cours des mois à venir pour passer ce cap. Finalement, ils parvinrent à un schéma qui allait leur permettre de poursuivre une existence aussi harmonieuse que possible.

Les jumeaux sont nés et Meredith et Ross ont appliqué leur nouveau modèle de vie. Chaque jour représente encore un nouveau défi mais ils y font face avec bonheur car ils savent que leur famille toute neuve se nourrit de ce chaos et des joyeux épisodes de l'incertitude.

Vivre ensemble et faire face

Vous formez une équipe avec votre partenaire. Ce qui signifie que vous allez devoir travailler ensemble et danser en couple les pas du changement. Les faiblesses de l'un peuvent être le point fort de l'autre ; les infirmités de l'un peuvent se guérir auprès de l'autre ; les doutes de l'un disparaître auprès de l'autre. C'est la cadence naturelle du « toi-moi-nous » qui établira le rythme de votre danse. Gardez la mesure lorsque le changement viendra menacer votre équilibre, et l'harmonie subsistera.

Supporter les épreuves

Malheureusement, tout n'est pas toujours rose. La vie peut vous distribuer, à vous ou à votre partenaire, une main inattendue qu'il va vous falloir gérer. À ce moment-là, vous n'avez qu'une seule alternative : vous soutenir l'un l'autre ou vous séparer. Dans le premier cas, vous allez travailler en équipe afin d'établir une stratégie pour faire front. Sinon, vous vous retirerez chacun dans votre coquille et abandonnerez la réalité du « nous ».

L'adversité et les crises révèlent de quoi vous et votre partenaire êtes faits, ensemble et séparément. Cela peut se réduire à une forme de panique exprimée par un catégorique « je ne peux pas », ou à un double égoïsme où chacun ne considère plus que son cas personnel. Ou alors cela peut stimuler la résistance des deux et approfondir leur loyauté, leur permettant de poursuivre leur route ensemble.

Si votre partenaire perd son emploi, allez-vous redouter les difficultés financières qui risquent de s'ensuivre et lui communiquer votre anxiété ? Ou estimer que c'est à lui de résoudre ce problème ? Ou profiter de l'occasion pour l'aider à chercher autre chose ? En revanche, si cela vous arrive à vous, allez-vous vous affoler et vous crisper sur un « je ne peux pas » sans plus savoir quoi faire pour surnager ? Allez-vous vous retirer dans votre monde à vous et claquer la porte à votre partenaire ? Ou lui tendre la main et lui demander son aide ? Quoi qu'il en soit, votre réaction dépendra de ce que vous êtes.

Lorsque frappe l'adversité, c'est en couple qu'il vous faut réagir si vous désirez conserver votre relation. Le jour où Jill a appris qu'elle avait un cancer du sein, sa première réaction a consisté à s'éloigner de son mari, Anthony. Bien que les médecins lui aient pratiquement assuré qu'elle irait très bien une fois qu'ils lui auraient enlevé sa tumeur, elle ne pouvait supporter l'idée de perdre un sein et de devenir physiquement incomplète. Sa réponse au changement fut de se séparer d'Anthony.

L'opération réussit mais la convalescence émotionnelle fut infiniment plus longue. Anthony a dû dépenser des trésors de patience pour ramener sa femme dans le cocon de leur intimité. Il a passé des jours et des jours à s'inquiéter, à se demander s'ils allaient survivre à l'opération de Jill. Ce fut sa persévérance qui ramena celle-ci vers lui et lui permit de s'accepter telle qu'elle était.

Tout comme Jill et Anthony l'ont découvert, lorsque vous et votre partenaire tenez bon dans la tempête, c'est votre relation qui se fortifie. Si vous vous éloignez l'un de l'autre, l'équilibre est rompu et vous pouvez quitter la route pour tomber dans le ravin en contrebas.

Il vous arrivera des défis, des catastrophes et des crises ; autant vous en servir pour resserrer votre union. C'est l'objectif même d'un couple et c'est ce qui devrait vous permettre d'approfondir votre intimité.

Partager les joies

Lorsque qu'un bonheur arrive à l'un de vous, la joie vous appartient à tous deux. L'esprit d'équipe veut que vous partagiez les succès de l'autre, de même que vous compatissez à ses défaites. C'est aussi important.

Parfois, cela peut se révéler aussi difficile. Par exemple, Darci et Jack vivaient ensemble depuis dix-sept ans lorsque la rubrique de Jack a été réclamée par un grand journal. Jusque-là, tous deux menaient une vie simple mais agréable. Du jour au lendemain, le nom de Jack fut connu dans tout le pays et il fut invité dans de nombreuses émissions de télévision. Chaque jour lui amenait de nouveaux fans et, comme sa photo apparaissait en tête de ses articles, les gens ont commencé à le reconnaître dans la rue.

Ce coup d'accélérateur à sa carrière fut naturellement bienvenu mais c'était tout de même un changement qu'il leur fallait assumer. Darci et lui devaient se méfier des conséquences, non seulement au plan financier mais aussi dans leur mode de vie, dans leur intimité, dans leur attirance mutuelle. Il leur fallait ouvertement reconnaître ces transformations, discuter du nouvel emploi du temps de Jack, et imaginer leur relation afin que Darci ne se sente pas exclue de son succès, ni mise de côté. Bien que cette phase de dégel leur procure une plus grande liberté financière et une belle réussite professionnelle pour Jack, elle créait un bouleversement qu'il leur faudrait analyser avec soin.

Si la chance vous sourit, n'oubliez pas d'en faire profiter votre partenaire. Si c'est à lui qu'arrive ce changement positif, songez à adapter votre couple afin d'y conserver votre place pleine et entière. Si vous connaissez ensemble un événement heureux, il vous faudra assembler conjointement ces pièces nouvelles et en incorporer le bonheur dans votre quotidien commun.

Si vous preniez un instantané de votre couple tel qu'il est en ce moment et le figiez pour l'éternité, cela pourrait constituer un superbe souvenir mais une telle stagnation pourrait vite vous lasser. Ce sont les changements qui constituent le sel de la vie et permettent aux couples d'évoluer.

Afin de tenir la distance, votre partenaire et vous devrez vous tenir prêts à tout changement éventuel. Cependant, comme vous ne pouvez prévoir tous les tremblements de vie qui risquent de vous arriver, vous pouvez au moins vous attendre à ce que les virages de l'existence renforcent la structure de votre base. Ainsi redouterez-vous moins les changements et les accueillerez-vous plutôt comme des chances à saisir.

Règle n° 8

Une union est comme une fleur : il faut la cultiver pour qu'elle s'épanouisse

Chérissez votre bien-aimé et votre relation s'épanouira

Une relation est comme un jardin. Si vous l'entretenez avec soin, il s'épanouira. Procurez-lui ce qu'il faut d'eau et de soleil et les graines mûriront pour donner de belles plantes saines et vigoureuses. Négligez-le, abandonnez-le à son sort et il sera bientôt la proie des mauvaises herbes. Écrasez ses plantes, arrachez leurs feuilles, privez-les d'amour et d'engrais, elles se flétriront et mourront.

Si vous traitez votre relation avec respect et aménité, elle restera forte. Si vous lui consacrez du temps, de l'attention et des efforts, elle grandira jour après jour. Alors que si vous la considérez comme allant de soi et comptez qu'elle s'entretiendra toute seule, il y a des risques pour qu'elle aussi se flétrisse et meure.

On a vite fait de considérer une relation amoureuse comme allant de soi. Une fois passé « le plus difficile », à savoir chercher et trouver l'amour, beaucoup de gens se pensent « casés » et passent à autre chose ; ils cochent dans leur liste la case correspondante. Cependant, une relation amoureuse est un concept qui ne cesse d'évoluer et demande de l'entretien, comme un jardin. Après la première saison, elle a encore besoin d'amour, de considération et de respect, si l'on désire qu'elle s'épanouisse année après année.

N'oubliez jamais d'entretenir la relation qui vous unit à votre partenaire, journellement, pour la voir grandir. Ce n'est pas une démarche qui vous prendra quelques instants chaque année, comme un anniversaire ; cela devrait être au contraire aussi naturel que de vous éveiller le matin ou de vous brosser les dents. Il est facile d'éprouver la magie d'un amour à ses débuts, tant que la passion est là pour le fortifier. Il est infiniment plus difficile de l'entretenir quotidiennement et de vous en nourrir l'un l'autre.

Cela passe par un constant dévouement à votre bien-aimé. N'oubliez pas que vous l'appréciez pour ses merveilleuses qualités et faites-lui savoir aussi souvent que vous le pouvez quelle place importante il occupe dans votre vie. Montrez-lui qu'il fait toujours battre votre cœur, qu'il contribue à la beauté de votre existence.

Une présence de tous les instants

Selon Woody Allen, quatre-vingt-dix pour cent de la vie consiste à faire acte de présence. Ce qui ne saurait suffire en matière de relation amoureuse. Il y a une grande différence entre passer par là et *être* là. Il ne suffit pas de se montrer, d'être physiquement sur les lieux, encore faut-il y mettre son cœur et son esprit. Ce qui signifie que vous devez être pleinement et totalement investi avec votre partenaire, tout à fait présent.

J'ai rencontré tellement de couples en difficulté parce que l'un d'eux s'était éloigné, replié sur lui-même et ne chérissait plus son partenaire ! C'est ce qui arrive lorsque l'on perd le désir ou la force d'entretenir une relation : cela peut venir d'une rancœur inavouée, d'une blessure non pardonnée, d'un désir physique sur le déclin, d'un accès de paresse ou tout simplement du poids de la vie qui vous pousse à vous replier sur vous-même, à rentrer dans votre coquille. Le couple se délite car il ne repose plus alors que sur une habitude subie. Le ravin qui sépare les conjoints s'élargit à mesure qu'ils manquent une nouvelle occasion de communiquer – lorsque l'un rentre le soir et ne se donne pas la peine d'embrasser l'autre, lorsqu'ils se croisent dans leur propre maison sans s'adresser le moindre signe de reconnaissance, lorsqu'ils cessent de se confier leurs sentiments ou qu'ils sont trop préoccupés par la vie quotidienne pour sauvegarder leur sexualité. Finalement, ils se réveillent et se retrouvent complètement isolés l'un de l'autre.

Quand on n'est plus là, qu'on ne fait que passer, on s'écarte du « nous » originel formé avec le partenaire On s'éloigne de l'union pour revenir au « je », tout en élevant une barrière invisible autour de soi. On détourne son partenaire de sa vie et le couple en est grandement affecté.

Pour vous en sortir, commencez par rembobiner la bande vidéo de votre esprit. Il va falloir vous référer aux temps où vous ne faisiez qu'un avec votre partenaire. Dès que vous redécouvrirez les sensations de ces précieux moments, alors que vous étiez *là* avec votre cœur, votre corps et votre esprit, votre amnésie temporaire se diluera et vous retrouverez le chemin qui vous ramènera chez vous.

Réveillez-vous

Joseph et Vera étaient mariés depuis vingt-deux ans lorsque celle-ci vint me voir. Elle souffrait de voir Joseph « émotionnellement absent », comme elle disait, depuis une bonne dizaine d'années. Elle avait l'impression qu'il se contentait de suivre la routine, de se lever le matin pour aller au travail, de rentrer le soir, de se laisser tomber sur le canapé, la télécommande à la main, tous les jours que Dieu faisait. Vera avait tenté de le ramener à elle par bien des moyens mais il ne semblait pas se rendre compte à quel point ils s'étaient éloignés l'un de l'autre.

Je suggérai à Vera d'évoquer un souvenir au cours duquel Joseph avait été pleinement présent. Elle réagit aussitôt en me parlant de ces merveilleuses vacances passées sur une île quelques années plus tôt. Je lui conseillai alors de rentrer chez elle, d'éteindre la télévision et de reparler à Joseph de ce voyage, détails à l'appui – le vent chaud sur leur peau, la couleur de la lune, les délicieux repas au bord de l'eau, cet amour qui les unissait – afin qu'il se souvienne à son tour. En juxtaposant ces merveilleuses parenthèses avec la morosité de leur quotidien, Joseph pourrait sans doute comprendre combien il s'était éloigné de sa bien-aimée.

De retour chez elle, Vera, s'assit à côté de Joseph et lui demanda s'ils pourraient bavarder un peu pendant la prochaine pause de publicité. Il hocha la tête. Le moment venu, elle le pria de baisser le son de la télévision et de la regarder droit dans les yeux. Puis elle posa cette question :

– Comment vas-tu ?

Comme d'habitude, il répondit :

– Bien.

Vera ajouta :

– Tu te souviens quand nous sommes allés sur cette île ? Tu te rappelles le vent chaud, et ce pique-nique sur la plage ? Tu te rappelles comme on aimait boire des piña coladas, et comme on dormait bien ? Tu te rappelles comme tout allait bien pour nous ?

Joseph répondit par l'affirmative. Alors Vera reprit :

– J'aimerais tant que ça nous arrive de nouveau, ces sensations, cette plénitude... Je suis sûre qu'on pourrait recommencer, mais je voudrais savoir si tu en as envie, toi aussi.

Cette stratégie fonctionna : Joseph comprit de quoi elle parlait lorsqu'elle lui expliqua combien elle se sentait éloignée de lui. Ils convinrent alors qu'ils avaient besoin de se créer de nouveaux souvenirs du même genre afin que Joseph ne s'endorme plus sur leur amour.

Confirmer qu'on est là

Certains couples se laissent tellement prendre par leur vie quotidienne – travail, courses, stress, enfants, activités diverses – qu'ils en oublient d'entretenir également leur relation. La vie nous prend déjà tellement de temps, comment se rendre compte qu'on est passé en pilotage automatique ? Il nous reste si peu de loisirs qu'on ne voit pas comment on pourrait encore se préoccuper de nos relations de couple. Pourtant, un instant d'oubli a vite fait de s'étendre sur des heures, puis des jours et des mois ; quand on s'aperçoit qu'on a dérivé, on est déjà à des kilomètres l'un de l'autre.

Les choses changent, les gens changent, l'humeur change. Il serait ridicule de s'imaginer que ce qui valait pour la semaine dernière vaut encore pour aujourd'hui ou dans un mois. Dans la mesure où le changement est la norme, il importe de confirmer à l'autre qu'on est toujours là, prêt à poursuivre la relation. C'est un bon moyen de se tirer de sa torpeur et de se rappeler son lien originel avec le bien-aimé.

Une telle confirmation revient à emmener votre voiture en révision. Au bout d'un certain nombre de kilomètres, vous allez la déposer au garage pour faire vérifier les freins, les bougies, l'huile, le filtre et le moteur afin de vous assurer que tout tourne correctement ou de détecter le problème et de le réparer.

Voilà un bon moyen de raviver votre relation : il s'agit simplement de faire une pause, de revenir sur terre et de vous retrouver. Êtes-vous heureux ? Avez-vous résolu les problèmes en cours ? Où en êtes-vous de vos sentiments ? Vous partagez vos joies, vos peines, vos difficultés, vos progrès, vos inquiétudes et vos victoires. Vous découvrez les préoccupations de votre partenaire et lui révélez les vôtres. Vous vous remettez à jour l'un avec l'autre, vérifiez ce qui a changé depuis la dernière fois. C'est une façon de lui demander : « Comment ça va ? » et d'écouter attentivement sa réponse.

C'est également le moyen de prendre le pouls de votre union, afin de rester en phase. Vos attentes sont-elles remplies ? N'avez-vous pas quelques cailloux dont il faudrait soulager votre sac ? Vous sentez-vous à l'abri ? Apprécié ? Mis de côté ? Désirez-vous changer quelque chose dans votre relation ? Si vous voulez conserver son authenticité à votre couple, il est indispensable d'observer ce genre de pause de temps à autre et de vous demander : « Comment allons-nous ? » Et souvenez-vous que « bien » n'est pas une réponse satisfaisante.

Confirmations quotidiennes

Il existe deux sortes de confirmations : quotidienne et solennelle. Les confirmations quotidiennes se produisent lorsque votre partenaire et vous vous arrêtez au beau milieu d'une occupation, ne serait-ce qu'un court instant, pour voir ce que devient l'autre. Comme si tout d'un coup vous disiez « pouce » et preniez le temps de vous réaligner avec ce que ressent votre partenaire, pour savoir comment se passe sa journée et ce qu'il a dans la tête.

Naguère, les familles se réunissaient le soir autour de la table pour partager les événements de la journée et faire le point sur les objectifs de chacun. Des générations de couples ont estimé que c'était là un des moments les plus importants de la journée. Dès lors, ils ne voyaient plus la nécessité d'y ajouter aucune forme de confirmation dans la mesure où celle-ci se produisait presque automatiquement au dîner, devant le rôti et la purée. Cependant, les temps ont changé et il peut s'avérer indispensable d'adapter cette forme de communication.

Chaque couple possède son propre rythme, ses propres habitudes. Par exemple, Sidney et Jeri vont ensemble à la gymnastique tous les matins. Larry et Clay se téléphonent plusieurs fois par jour pour se raconter les dernières nouvelles. John et Camaryn ont rendez-vous tous les mercredis soir pour dîner.

Pour vous et votre partenaire, il peut s'agir de tout autre chose. Par exemple, prenez-vous régulièrement le temps, avant d'aller vous coucher, de vous raconter l'un à l'autre ce qui vous est arrivé, ce que vous pensez, vos projets, vos soucis, vos souhaits ? Aimez-vous vous retrouver pour déjeuner au moins une fois par semaine ? À moins que vous ne préfériez boire votre café ensemble le matin ou vous rendre au travail dans la même voiture. Quoi qu'il en soit, l'essentiel reste que vous découvriez ce qui vous convient le mieux et que vous vous y teniez. Ces petits moments et l'effort qu'il vous faudra y consacrer auront vite fait de vous rembourser au centuple.

Confirmations solennelles

Une confirmation solennelle consiste en une réunion au cours de laquelle vous examinez les questions passées, présentes et futures qui vous absorbent. Au cours de cette réunion, les partenaires évaluent leur bien-être physique autant qu'émotionnel ; ils peuvent se confier mutuellement les problèmes qui les préoccupent, les leçons qu'ils apprennent, les victoires qu'ils remportent et les épreuves qu'ils traversent. Ils font part de leurs doutes, demandent éventuellement de l'aide. Après le côté personnel vient l'angle interpersonnel.

Chacun a la possibilité d'exposer où il en est de sa relation, c'est-à-dire ne rien cacher des bonnes et des mauvaises nouvelles – autrement dit de ce qui marche et de ce qui ne marche pas. Cette confirmation permet de dissoudre les fausses idées qu'on a pu se forger et de vous remettre tous les deux à la même page.

Vous pouvez vous demander pourquoi tant de cérémonie. D'abord parce que c'est un bon moyen d'asseoir la crédibilité et la philosophie de votre relation. Passer du quotidien au cérémonieux prédispose les partenaires à prendre cette réunion au sérieux, à y consacrer le temps et l'énergie nécessaires et à la préparer d'avance. Ce peut être un outil décisif pour ajuster votre relation de façon que chacun se sente aussi chéri qu'il le mérite.

Au cours de cette discussion, vous pouvez aborder les quelques points suivants :

1. Sentiments globaux sur votre relation :
a. Vos aspirations sont-elles satisfaites ?
b. Parvenez-vous à exprimer vos désirs ?
c. Vous sentez-vous compris ?
d. Vous sentez vous encouragé et poussé en avant ?

2. Processus de décision :
a. Les décisions vous conviennent-elles ?
b. Disposez-vous d'assez de temps pour discuter, amender et développer des projets ?
c. Avez-vous l'impression que vos pensées et sentiments sont pris au sérieux ?
d. Les décisions sont-elles adoptées dans un esprit de collaboration ?

3. Communication :
a. Vous sentez-vous libre de dire tout ce que vous éprouvez ?
b. Vous sentez-vous écouté lorsque vous communiquez ?
c. Vous sentez-vous encouragé à dire votre vérité ?
d. Vous sentez-vous soutenu dans tous vos rêves et objectifs ?

4. Rôles et responsabilités :
a. La répartition des tâches fonctionne-t-elle ?
b. Avez-vous l'impression que chacun de vous remplit bien son rôle ?
c. Estimez-vous la répartition des tâches équitable ?
d. Désirez-vous changer quoi que ce soit ?

5. Activités :
a. Avez-vous l'impression de passer assez de temps ensemble ?
b. Avez-vous besoin de passer plus de temps seul ?
c. Désirez-vous essayer quelque chose de nouveau ?
6. Planification, emploi du temps et logistique :
a. Désirez-vous modifier votre emploi du temps ?
b. Vos accords financiers vous semblent-ils légitimes ?
c. Chacun de vous a-t-il le temps d'accomplir ce que vous avez décidé ensemble et ce qu'il veut ?

Une confirmation solennelle exige une approche nuancée et un climat de respect. Il est donc important que vous y consacriez tous deux assez de temps et que vous teniez cette réunion dans un cadre approprié. En effet, discuter de sujets aussi graves au milieu de la cuisine, avec le téléphone qui sonne, les enfants qui crient et la minuterie du four qui vous interrompt n'est pas forcément le meilleur moyen d'atteindre votre objectif de réalignement. Pas plus que se lancer dans cette discussion alors que l'un de vous, est stressé ou préoccupé par autre chose.

Choisissez une heure et un endroit susceptibles de convenir. Trouvez un coin tranquille où vous puissiez bavarder tout à votre aise, à une heure où vous serez tous les deux décontractés et pourrez vous consacrer l'un à l'autre. Mieux vaut pouvoir réfléchir d'avance aux questions que vous comptez poser et aux réponses que vous fournirez, afin d'être préparé à exposer tout ce que vous avez en tête. Optez par exemple pour une longue balade en voiture, une marche le long de la plage ou une promenade dans le parc.

Vous et votre conjoint devez déterminer la fréquence et la solennité que vous désirez apporter à ces réunions destinées à prendre le pouls de votre relation.

Attention positive et négative

Au début de toute relation, les échanges sont doux, fervents et séduisants. Les paroles tendres fusent sans effort :
— Tu as de beaux yeux.
— Je te trouve bien en bleu.
— C'est tellement sympa d'aller à la gym avec toi !
— Tu fais les meilleures omelettes de la terre.

Ces phrases nous viennent tout naturellement et, chaque fois qu'une personne nous accorde une seconde d'attention aussi positive, c'est comme un rayon de soleil qui se poserait sur une fleur : on s'épanouit.

Un compliment en engendre un autre, la réponse n'exprime qu'admiration mutuelle et l'on se renvoie l'amour qu'on vient de recevoir. Rien de plus contagieux que ces remarques positives ; elles créent une spirale ascendante qui se développe avec l'échange. C'est, évidemment, la phase de la lune de miel.

À la longue, vous perdez vos lunettes roses et vous voyez la réalité sous son vrai jour ; la « meilleure part » du partenaire s'efface et tout le monde se laisse glisser vers une attitude nettement moins policée. D'un seul coup, les « ah oui ! » se transforment en « oh non ! » et chacun de comprendre que l'autre, aussi extraordinaire soit-il, a ses failles. Dès lors, on s'observe d'un œil critique et l'on ne peut plus s'empêcher de relever chaque défaut au cas où l'autre ne s'en serait pas aperçu. Le flot de reconnaissance positive se transforme soudain en un courant de jugements nettement moins gratifiants. Alors jaillissent les allusions, sarcasmes et acrimonies qui se mettent à corrompre vos observations :

– Tu as encore laissé le dentifrice ouvert.

– Tu ne peux pas nettoyer ton gourbi ?

– Tu ne pourrais pas, pour une fois, passer faire le plein au lieu de me rendre la voiture à sec ?

– Ce pull est trop petit pour toi.

La tolérance s'évanouit, les constats désenchantés éclipsent ces mots doux qui tintaient naguère si agréablement à vos oreilles. La lune de miel vient de se terminer.

Que s'est-il passé ? Qu'est-ce qui a changé ? Tout simplement, l'attention positive est devenue négative. Les partenaires tournent encore leur énergie l'un vers l'autre, à cette différence près qu'au lieu de s'exprimer gentiment, l'échange est émaillé d'hostilité. La spirale évoquée plus haut s'inverse et dégénère : critique, défense, riposte et ainsi de suite jusqu'à ce que les partenaires ne voient plus en quoi l'autre a pu leur paraître un jour si merveilleux. Ce n'est pas la meilleure façon de vivre en couple, mais c'est la plus fréquente.

Repasser du négatif au positif

Si vous désirez voir votre relation s'épanouir, il va falloir vous recycler afin de considérer les points positifs de votre partenaire avant ses défauts ; vous devrez l'imaginer aussi parfait *qu'il l'est vraiment*. Après tout, il ne s'agit que de revenir à vos anciens sentiments. Repensez à l'époque de votre rencontre, imprimez dans votre esprit le souvenir de ce que vous voyiez en lui ou en elle au début de votre rencontre, lorsque tous ses gestes, toutes ses pensées vous paraissaient admirables – si ce n'est parfaits. Il ne s'agit pas d'ignorer les côtés que vous *n'aimez pas* en lui mais plutôt de vous concentrer sur ce que vous *aimez*.

Vous entretiendrez cet état d'esprit comme on entretient une plante en l'arrosant. Il faut vous rappeler que vous n'avez pas choisi pour rien d'aimer cette personne. Un jeune homme de ma connaissance a un ami plus âgé qui lui conseille sans arrêt de marquer une pause durant les moments où il se sent particulièrement amoureux de sa femme et de dresser une liste des qualités qu'il apprécie en elle. Ainsi, s'il lui arrive ensuite de se sentir agacé, exaspéré par elle, il pourra se référer à cette liste pour revenir à de plus justes sentiments.

Pour inverser une spirale négative, mieux vaut commencer par se sortir de ce cycle, ce qui requiert un arrêt en plein élan afin de se remettre en mémoire ce qu'on aime chez son partenaire et de se concentrer dessus au lieu de se braquer sur ce qui énerve. D'où il devient possible de passer de la critique à l'appréciation, celle-ci entraînant en général à l'inversion du mouvement de la spirale vers le haut.

Un exemple de spirale

Du jour de leur première rencontre, Carey et Andy ne se sont plus séparés. Follement amoureux, ils ont passé leur lune de miel à cacher de petits messages affectueux dans les poches de la veste de l'autre, à se dédier d'innombrables compliments, à vanter constamment leurs qualités. Carey aimait la façon de s'exprimer d'Andy et Andy aimait comment Carey prêtait l'oreille à ses paroles. Carey admirait les vêtements d'Andy et Andy adorait les boucles blondes de Carey. Et ainsi de suite, tous deux n'hésitant pas à se le répéter mutuellement à longueur de journée.

Au bout de six mois, ils s'installèrent ensemble. Andy se sentait si bien avec Carey qu'il relâcha peu à peu ses efforts : il abandonnait des tasses de café à moitié pleines sur la table de la cuisine, des serviettes humides sur le lit, ses chaussures au pied de l'escalier. Carey découvrit ces « failles » avec déappointement et s'empressa de les souligner auprès d'Andy de peur qu'il ne se rende pas compte de ses négligences.

De son côté, Andy trouva l'occasion d'informer Carey de sa contrariété quand elle oubliait de lui signaler les messages importants laissés sur le répondeur. Il ajouta qu'il serait content si elle voulait bien libérer la ligne téléphonique de temps en temps. Bien que cet échange n'ait pas été spécialement agressif, il représentait un premier écart du rêve amoureux qui avait jusque-là baigné leur union.

La porte était ouverte à davantage de critiques qui ne manquèrent pas de se manifester au cours des semaines suivantes. Carey se plaignait de plus en plus des mauvaises habitudes d'Andy, allant parfois jusqu'à l'insulter. Andy reprochait à Carey de lui parler pendant qu'il regardait la télévision. Leur belle histoire était terminée, ils n'échangeaient plus ; tout d'un coup, la spirale de l'amour s'inversait vers d'amères récriminations.

Finalement, Carey vint me voir. Déçue de la tournure que prenait leur relation, elle cherchait une solution. Je lui expliquai que c'était à elle de retourner la situation et lui demandai s'ils étaient tous deux disposés à se focaliser sur ce qu'ils appréciaient en l'autre et à cesser de se concentrer sur ce qui les irritait. J'insistai sur la nécessité d'y mettre un minimum de bonne volonté car ni l'un ni l'autre n'inverserait le mécanisme de la spirale s'ils ne se donnaient pas la peine de communiquer au lieu de critiquer.

Dès qu'Andy l'attaqua en prétendant qu'elle avait perdu l'un de ses comptes professionnels parce qu'elle n'était pas assez motivée, elle se retint de répliquer vertement, prit le temps de respirer et fit appel à toute sa volonté pour étouffer leurs hostilités dans l'œuf. Les choses ne pouvaient continuer ainsi aussi, s'efforça-t-elle d'inverser la spirale négative en passant du jugement à la constatation.

Elle fit savoir à Andy que ce qu'il venait de lui dire la blessait (permutation du jugement vers le sentiment). Puis elle lui expliqua combien il était nocif de vouloir baser leur relation sur de tels affrontements ; tous deux tenaient trop à leur couple pour ne songer qu'à se blesser l'un l'autre. En constatant ces sentiments plutôt qu'en les jugeant, Carey parvint à désarmer Andy et à entamer avec lui un dialogue plus authentique.

Prendre et donner

Aimer son compagnon passe par le besoin de donner. C'est en donnant que vous manifestez à son égard vos sentiments d'une manière tangible, que vous reportez sur votre partenaire vos élans de générosité, d'affection et d'amour.

Manières de donner

À première vue, l'idée de donner passe par celle du cadeau. Depuis l'enfance, la plupart des gens sont conditionnés pour croire que l'amour s'exprime à travers de jolis paquets enrubannés. Certes, le cadeau demeure une expression importante du don mais ce n'est pas la seule, loin de là.

Vous pouvez donner à votre partenaire votre temps, votre attention, votre énergie – présents d'une valeur incommensurable. En proposant de l'aider à faire ses courses quand il a eu une journée trop longue, ou de l'accompagner chez le dentiste s'il en a peur, vous lui offrez de précieux cadeaux qui sont autant de preuves de votre amour. Récemment, Steven, le fiancé de mon amie Debra, a proposé de garder son chien tout un week-end afin de lui permettre d'achever un important travail. Ce don représentait plus pour elle que toutes les fleurs, tous les chocolats ou tous les bijoux. Ce n'est pas parce qu'on ne peut pas l'estimer en termes d'argent que ce genre de don a moins de valeur qu'un autre.

En réalisant le souhait de votre partenaire, vous lui donnez ce qu'il y a de plus beau. C'est apporter une touche miraculeuse à votre relation. Interrogez votre compagnon sur ses désirs, sur ses rêves, sur ses objectifs. Quelle que soit la taille de votre budget, vous trouverez toujours un moyen d'exaucer l'un de ses vœux. S'il dit qu'il désire aller en Afrique, sans doute un film vidéo ou un reportage photo pourraient-ils amener un sourire sur son visage. S'il a besoin de vacances, peut-être un week-end à la campagne ou un long déjeuner paisible constitueraient-ils une première approche. L'important est d'écouter attentivement ses souhaits et de trouver des moyens inventifs de les exaucer.

Réciprocité

Il faut bien que quelqu'un termine le gâteau. Si vous êtes tous les deux à loucher sur le dernier morceau, à espérer vous en emparer le premier, vous en conclurez l'un et l'autre que votre partenaire cherche davantage à satisfaire ses appétits que les vôtres. Chacun de vous ne vise qu'à « prendre ». Si, au contraire, vous pensez tous les deux à l'autre, vous vous offrirez mutuellement ce dernier morceau – une façon de vous prouver que vous songez davantage à « donner ». Peut-être l'un de vous acceptera-t-il de se servir, à moins que vous ne décidiez finalement de partager en deux ce dernier morceau. L'important est l'esprit dans lequel vous abordez la situation, de manière que chacun ait l'impression d'avoir reçu sa part équitable.

Il faut savoir respecter entre partenaires un cycle de réciprocité, l'idéal étant qu'il s'équilibre en un flot harmonieux et que chacun se sente également aimé, compris, chéri, respecté et servi : prendre autant que donner.

Si le cycle vient à s'interrompre, le flot à se tarir, l'un des partenaires – voire les deux – risque de se sentir floué, trahi. Dans ce cas, on commence à moins donner et l'autre répond en se retirant à son tour. Tout d'un coup, l'association tourne moins autour du « donner et prendre » que du « prendre et prendre », et le puits de l'amour a vite fait de s'assécher.

Lorsque l'équilibre de la réciprocité est détruit, d'invisibles feuilles de comptes apparaissent dans l'inconscient de chacun et l'on se met à calculer qui fait quoi, qui donne quoi à qui, qui est en retard d'un service, de temps, d'attention, d'affection, etc. Si la situation empire et que vous ne veillez pas à la rétablir, le ressentiment s'exacerbe avec chaque échange et laisse bientôt place au ressentiment, avec son cortège de problèmes.

Pour éviter ce scénario catastrophe, il faut veiller à ce que le ratio du donner/recevoir soit constamment respecté ou vite rétabli. Ce qui peut se faire grâce à la communication, à la négociation, afin que l'un se sente de nouveau aussi important que l'autre.

Ce qui menace la réciprocité

Voici les quatre éléments qui menacent l'équilibre du cycle donner/prendre :

1. Lorsqu'une personne donne trop peu.
2. Lorsqu'une personne prend trop.
3. Lorsqu'une personne prend trop peu.
4. Lorsqu'une personne donne trop.

Le grief le plus répandu concerne la première proposition lorsque quelqu'un donne trop peu. Très souvent, on voit ses espoirs déçus et ressent de l'amertume à l'encontre de son partenaire qui ne donne pas ce qu'on requiert ou convoite. À la fin, on peut s'en estimer trahi ou délaissé et le mal s'installe. Si vous avez l'impression que votre partenaire ne donne pas assez, vous devez immédiatement lui en parler et négocier une nouvelle « solution où tout le monde gagne » susceptible de rétablir l'équilibre.

Cela correspond à l'un des scénarios où les étapes pour une communication efficace (Règle 5) peuvent s'avérer fort utiles. Il vous faudra d'abord définir exactement ce que vous attendez de votre partenaire. Le simple fait de dire que vous en voulez « davantage » n'est pas assez précis ; vous devrez lui dire de quoi vous voulez « davantage ». Si votre partenaire ne vous l'apporte pas sur-le-champ, c'est sans doute faute d'avoir identifié ce dont il s'agit ou de savoir comment vous le procurer. Plus vous lui en direz, plus vous lui faciliterez la chose.

En second lieu, et corollaire du fait de donner trop peu, vient le fait de prendre trop. Ceux qui prennent plus que leur part lèsent leur partenaire et ne font ordinairement qu'aggraver les choses en ne cherchant pas à l'indemniser. Si votre compagne ou votre compagnon vous prend trop sans rien donner en retour, les ressentiments vont s'accumuler sur votre feuille de compte mentale. Il vous faudra y remédier avant qu'ils ne vous submergent complètement.

Il se peut, d'autre part, que l'équilibre soit rompu par le seul fait de donner trop ou de prendre trop peu. Nombreux sont ceux qui tombent dans ce piège dans le seul but de se donner l'illusion d'être le moins égoïste des deux. Le mot « prendre » a ici une connotation négative, comme s'il sous-entendait la cupidité. Cependant, dans une relation, il revient plutôt à recevoir ouvertement ce que l'autre a à vous offrir.

Si un partenaire ne sait plus que donner sans jamais recevoir, le déséquilibre s'installe. Il peut toujours prétendre qu'il agit par amour ou par générosité, ce qui n'est pas faux, mais le résultat n'en sera pas forcément positif pour autant. En refusant de recevoir, on bloque le flot naturel du donner/prendre tout en saturant ces feuilles de compte virtuelles que chacun garde à l'esprit.

Par exemple, Daniel comblait sa partenaire, Lynn, de somptueux cadeaux et d'incessantes interventions pour lui venir en aide à tout moment. Il l'emmenait faire des courses, lui achetait les plus beaux vêtements, s'occupait d'entretenir sa voiture. Lorsqu'à son tour Lynn lui offrait des présents – matériels ou immatériels –, Daniel refusait aimablement, assurant que le seul présent qu'il désirait consistait à la voir heureuse.

Or Lynn n'était pas heureuse, entre autres parce qu'elle se sentait coupable. Elle ne pouvait s'empêcher de comptabiliser tout ce qu'il lui donnait et de s'imaginer qu'il en faisait autant de son côté, consciemment ou non. En refusant ses présents, Daniel créait un déséquilibre ; le flot donner/prendre était interrompu. Daniel privait sa femme de la joie d'offrir à son bien-aimé.

Il n'est pas moins grave pour votre couple de donner trop et de ne pas prendre assez que de prendre trop et de ne pas donner assez. Dans tous les cas, l'équilibre est rompu. Le seul moyen garanti de contenir le flot du donner/recevoir est de donner à votre partenaire du fond du cœur, sans calculer, et de laisser celui-ci en faire autant de son côté. Il ne saurait exister de point bonus si l'on donne davantage ou si l'on prend moins ; le seul bonus qui puisse en découler est la sensation partagée de donner autant, chacun de son côté.

De la gentillesse érigée en mode de vie

Dans mon école primaire, les bulletins comportaient un alinéa intitulé « Attention envers les autres ». À cet âge-là, je ne pouvais comprendre pourquoi le fait de prêter attention à quiconque pouvait constituer un point aussi important qu'une bonne ou une mauvaise note. Il me semblait légitime de ne m'intéresser qu'à ce que je pouvais ressentir, qu'aux livres que j'avais envie de lire, qu'aux jouets avec lesquels j'allais m'amuser. Je trouvais normal de ne m'occuper que de moi.

En tant qu'adulte, j'ai compris combien il était important de se tourner vers les autres ; maintenant, j'appelle ça de la « gentillesse » et je crois n'avoir vraiment saisi la portée de cette notion qu'en devenant mère. Tout d'un coup, j'oubliais tout ce qui me concernait pour ne plus me préoccuper que de ma fille. Je ne voyais plus qu'elle, je ne pensais plus qu'à elle. Même lorsque je ne suis pas en train de faire quelque chose qui la regarde directement, elle absorbe mon subconscient. Du jour où elle est née, son bien-être est devenu le principal intérêt de ma vie.

La gentillesse est la plus haute et la plus pure forme de sollicitude ; elle requiert une sorte particulière d'énergie qui vous pousse à veiller, tel un ange gardien, au bien-être d'un autre. La gentillesse est générosité, désintéressement et ne connaît pas de limites. Elle n'est ni indiscrète ni envahissante. Avant tout, elle vous pousse à ouvrir votre cœur et à vous montrer authentiquement *bon* pour quelqu'un d'autre.

La prévenance au quotidien

Un peu de prévenance prouve à votre partenaire que vous tenez à lui et qu'il occupe vos pensées. Il s'agit d'actes conscients et délibérés destinés à lui démontrer votre amour. C'est l'art de prévoir ce qu'il peut aimer, vouloir ou requérir et vous efforcer de le lui procurer.

La prévenance se manifeste le plus souvent dans les petites choses. Vous connaissez l'adage « les petits ruisseaux font les grandes rivières ». L'existence est essentiellement constituée de petits détails assemblés les uns aux autres ; si vous prenez le temps de rendre ces éléments plus doux à votre partenaire, vous agrémentez sa vie ne serait-ce qu'en lui montrant votre intérêt.

Il n'est pas difficile de prouver sa bienveillance. Il suffit de faire de petites choses sans qu'on vous l'ait demandé. Préparez une serviette propre lorsqu'il sort de la douche, raccommodez-lui le bouton qui manque à sa chemise, remplacez son savon préféré avant qu'il ne risque d'en manquer. Ces petits détails enseignent à votre partenaire combien son bien-être est important à vos yeux.

Par exemple, un dimanche de pluie, alors que Donna avait le cafard, Matt sortit louer un vieux film qu'elle adorait pour le visionner avec elle. Ce petit geste l'a touchée au fond du cœur, les a réunis en illuminant leur soirée.

La prévenance ne tourne pas forcément autour d'un élan romantique mais, si cela vous inspire, obéissez à votre instinct. J'étais récemment en voyage d'affaires et j'avais demandé à mon mari de m'expédier par courrier express des rallonges de câbles pour mon ordinateur. Ce qu'il fit et, le lendemain matin, je trouvai un message qu'il avait ajouté dans le paquet : « Tu me manques, je pense à toi et j'ai hâte de te voir revenir à la maison. » Certes, j'étais contente qu'il m'envoie ces câbles mais le mot qu'il y avait ajouté m'a semblé infiniment plus précieux.

Ne vous privez pas de coller sur la glace de la salle de bains des Post-It où vous aurez inscrit des phrases sentimentales ou drôles du genre : « Voici le visage que j'aime. » « Je tiens tellement à toi ! » « Je te trouve trop canon ! » Déposez-les dans des endroits inattendus – le tiroir à chaussettes, la poche d'une veste, dans le réfrigérateur. Tout cela pour provoquer un sourire ou même un éclat de rire et pour ouvrir le cœur de votre partenaire ou pour toucher une corde sensible.

Parfois, votre prévenance le ou la touchera d'autant plus qu'elle s'exercera en secret. Comme les lutins des contes de fées, vous vous régalerez d'exercer en douce de bonnes actions pour lui faire plaisir sans rien attendre en retour, si ce n'est un sourire ou un clin d'œil. Par exemple, vous pourriez renouveler l'abonnement à son magazine préféré ou remettre de l'argent dans son parcmètre.

La prévenance n'a rien d'une qualité innée ; sans doute certaines personnes y sont-elles plus prédisposées que d'autres mais n'importe qui peut apprendre à devenir prévenant. Il ne faut qu'un peu d'attention et le désir de rendre heureux votre bien-aimé, ainsi qu'une touche d'imagination.

Respecter votre partenaire

Respecter c'est honorer ou estimer quelqu'un. Si vous honorez votre partenaire, vous valorisez son point de vue, vous écoutez ce qu'il dit, vous vous préoccupez de ses sentiments. Vous traitez votre bien-aimé avec dignité.

Si vous respectez votre partenaire, vous ne serez jamais tenté de vous défouler sur lui. Il s'agit de votre bien-aimé, non de votre punching-ball. S'il peut vous assister et vous aider lorsque vous avez des difficultés, ce n'est pas à lui d'en *subir* les conséquences. Si vous rentrez le soir et lui aboyez à la figure sous prétexte que la journée a été difficile, vous faites preuve d'un manque de respect intégral. N'oubliez pas qu'il s'agit de votre allié, non d'un ennemi, et traitez-le en conséquence.

Le ton sur lequel vous lui parlez reflète le respect que vous lui témoignez. Jamais vous ne vous adresserez à quelqu'un que vous estimez à coups de sarcasmes ou de railleries, n'est-ce pas ? De même, si vous haussez le ton avec votre partenaire, vous risquez de le blesser encore plus violemment qu'avec un couteau. Méfiez-vous donc de vos intonations car il mérite les mêmes égards que n'importe qui.

Votre respect peut transparaître également dans la façon dont vous traitez votre partenaire en présence de tiers. Jamais vous ne songeriez à rabaisser un ami, ni à le reprendre ou à le corriger devant les autres, pas plus que vous n'irez l'interrompre quand il parle, ce qui prouverait tout simplement que vous ne vous intéressez pas à ce qu'il dit.

Il n'y a pas longtemps, je suis sortie dîner avec un autre couple et j'ai été très choquée par la façon dont l'homme coupait sans arrêt la parole à sa femme chaque fois qu'elle tentait d'exposer son avis. Et je la voyais se tasser sur son siège comme une petite fille prise en faute. À l'évidence, il n'avait aucun respect pour ce qu'elle pensait.

Lorsque votre partenaire et vous sortez ensemble, vous avez chacun la responsabilité d'être le meilleur ambassadeur de l'autre. Par exemple, quand David accompagne Lane à un repas d'affaires, il se donne beaucoup de mal pour faire bonne impression afin de la valoriser. Comme il la respecte, il s'efforce de se conduire en allié et en partisan.

Pour prouver votre respect, commencez par toujours accorder le bénéfice du doute à votre partenaire si vous vous interrogez sur ses motivations ou sur ses actions. Ce n'est pas en tendant sans arrêt un doigt accusateur dans sa direction que vous marquerez votre confiance, or la confiance est le premier pas vers le respect et celui-ci suppose que vous soyez convaincu de son innocence jusqu'à preuve du contraire.

Le respect fait appel au meilleur de chacun de vous. Vous vous sentirez toujours soutenu par sa considération qui, par conséquent, vous poussera l'un l'autre à la mériter. Lorsque deux personnes se respectent mutuellement, leur estime de soi n'en est que rehaussée ainsi que, bien sûr, leur relation.

Votre façon de traiter votre bien-aimé, sa façon de vous traiter constituent un facteur essentiel de votre relation. L'attention que vous vous accordez mutuellement, le flot du donner/prendre et la gentillesse que vous vous prodiguez l'un l'autre constituent autant de moyens de chérir votre partenaire et d'entretenir l'agrément et la sérénité de votre union. Prenez soin de votre couple et de votre compagnon comme d'un beau jardin, consacrez-y du temps, de l'attention, de l'énergie : vous en recevrez chaque jour les plus merveilleux miracles.

Règle n° 9
Se renouveler pour durer

*Ils ne furent heureux que parce qu'ils surent
conserver une relation fraîche et joyeuse.*

De tout temps, l'humanité a recherché l'immortalité. Nous avons arpenté le globe en quête de la fontaine de jouvence et inventé d'innombrables élixirs, et pourtant la vie éternelle nous échappe toujours.

Cependant, nos silencieux colocataires sur cette terre depuis la préhistoire, les tortues marines géantes, se régénèrent et se renouvèlent tranquillement depuis des milliers d'années. Si l'une d'elles perd une patte, la patte repousse. Si elles abîment leur carapace, la carapace se restaure. Les tortues poursuivent ainsi leur existence, victimes de la seule ingérence de prédateurs. Elles ont compris que le secret de la longévité résidait dans le renouvellement.

Il en est de même pour l'amour. Le véritable secret d'une relation de longue durée consiste à la remanier de temps à autre afin de la revivifier. S'il vous semble que, quelque part, votre couple s'est fourvoyé, vous devez le régénérer, s'il s'est dégradé, à vous de le restaurer. Lorsque vous parviendrez à instiller un souffle neuf à votre relation chaque fois que cela s'imposera, vous détiendrez le secret d'une existence heureuse.

L'art de rajeunir

Une grande question revient souvent chez les « vieux couples » : où est passée la magie du début ? Les premières étincelles de l'amour perdent à la longue de leur éclat et chacun peut regretter avec mélancolie l'époque de la grande séduction, du lien sans faille et de l'enthousiasme partagé. Que leur manque-t-il pour animer leur relation de cet élan qui l'a fait naître ? La réponse est toute simple : initier de constants embrasements d'énergie nouvelle. Comment ? Par des actions spontanées, des éclats de rire, une vie à deux toujours réinventée.

Spontanéité

La spontanéité est l'élément essentiel de la vitalité. Par définition, elle est imprévisible, incontrôlable et surprenante. Quand les habitudes rendent le quotidien trop ordinaire, rien de tel que la verve et la fantaisie pour réveiller les sens.

Songez au temps révolu où régnait la spontanéité. Que s'est-il passé depuis ? Analyse, raison, logique avaient fait place à l'impulsion, au délire, peut-être même à la folie. En amour, cette fabuleuse sensation a souvent pour résultat de vous tirer de votre assoupissement.

Il y a quelques années, mon mari m'a dit :

– Vendredi prochain, on s'en va. Attends-moi devant la porte à 16 heures. Tes bagages seront prêts. Tout ce que je te demande, c'est d'être à l'heure.

Je ne savais quoi penser. Ce n'était pas Noël, ni mon anniversaire, ni la Saint-Valentin. Pas même un pont ou un jour férié. Impossible d'en savoir davantage. Je passai donc le reste de la semaine à me poser des questions sur notre destination, sur ce que je devrais emporter, sur le climat. Surtout, je m'inquiétais pour les bagages : comment mon mari pourrait-il savoir ce dont j'aurais besoin ? Au bout de trois jours, je vibrais d'impatience.

Le vendredi, j'étais prête à l'heure, devant la porte. Je montai dans la voiture et il me conduisit à l'aéroport. En embarquant pour Las Vegas, je compris : il avait prévu un week-end dans la capitale du jeu ! Devant notre hôtel, il me pria encore de fermer les yeux avant d'entrer, puis m'emmena directement dans la salle de spectacle où nous attendaient deux places au premier rang pour assister à un récital de ma chanteuse préférée. Ce fut une des plus agréables surprises qu'il m'ait jamais faites.

La spontanéité peut se manifester de multiples façons. D'abord, sous la forme d'une surprise magique conçue par l'un des partenaires, comme cela s'est passé pour moi, ou d'un commun accord pour se lever et faire quelque chose. Ce peut être aussi simple que se promener dans un parc et tout d'un coup s'offrir un tour à la fête foraine décider d'aller danser, ou sauter dans la voiture pour filer à la campagne. Peu importe l'étendue de cette décision, ce qui compte c'est que vous puissiez vous évader de votre routine et saisir l'occasion pour vous amuser ensemble. Après tout, n'est-ce pas en s'amusant qu'on entretient le plaisir d'une relation ?

Rire

Le rire est l'une des plus authentiques joies de la vie et l'une des choses les plus agréables que vous puissiez faire ensemble. Il vous revigore, vous remet de bonne humeur et vous réchauffe le cœur. Lorsque deux personnes partagent le bonheur de rire, elles célèbrent l'émerveillement et la joie d'être vivantes. Leurs esprits s'unissent dans cette complicité. Aussi n'hésitez pas à rire ensemble le plus souvent possible. Gardez l'œil et le cœur ouverts pour guetter les événements les plus drôles ou évoquez les souvenirs de ce qui vous a déjà fait rire. Je connais un couple qui adore les films de Laurel et Hardy. Chaque fois qu'ils éprouvent le besoin de se remonter le moral, ils en louent un et passent la soirée à se tordre ensemble. Un autre couple, Pam et Louis, ne trouvent rien de plus drôle que de faire du patin à glace car Louis est affreusement pataud. C'est pour eux un excellent moyen d'entretenir l'étincelle de la spontanéité. Tandis que vous encaissez, avec votre partenaire, les plaies et bosses de la vie, ces précieux moments au cours desquels vous échangez un sourire ou un éclat de rire vous remettent en contact avec l'essence du bonheur tout en augmentant l'intensité de votre relation.

Très souvent, ceux qui cherchent l'homme ou la femme idéal(e) placent le sens de l'humour en tête de leur liste de qualités requises. Sans doute parce que la complicité du rire à deux fait surgir des sensations qui remontent à l'enfance, à cette joie de s'esclaffer en chœur devant un film ou une innocente plaisanterie. Ne vous en privez donc pas, c'est le meilleur moyen de vous sentir rajeunir.

Réinventer votre réalité

Marty et Ronnie m'ont exposé leur conception de la vie. Lui est dentiste, elle consultante. Tous les dix ans, ils prennent une année sabbatique et partent à l'aventure. Au cours de la neuvième année de travail consécutive, ils bouclent leurs activités, délèguent à un associé compétent partenaires et patients et préparent leurs valises. Pour entretenir la vitalité de leur couple, ils le réinventent tous les dix ans.

Nous passons tellement de temps à nous bâtir des vies confortables qu'il semble impensable de vouloir tout changer une fois que nous y sommes parvenus. Pourtant, c'est en brouillant les cartes que nous redécouvrons le plaisir d'une vie en équilibre instable entre l'invention et la réinvention.

Changement de circonstances

Hal et Myra habitaient Boston depuis trente-quatre ans. Hal ne se sentait pas très à l'aise depuis qu'il avait pris une semi-retraite de ses fonctions de conseil en management, et Myra tenait la maternelle du quartier depuis des années. Ils allaient un peu à la dérive, non pas qu'ils se soient éloignés l'un de l'autre mais ils ne trouvaient plus beaucoup d'exaltation dans leur couple. Comme ils le disaient eux-mêmes en haussant les épaules, tout allait « pas mal ».

Ce fut Myra qui, la première, eut l'idée de tout bouleverser en réinventant leur relation. Elle n'avait pas oublié les bons moments de leur découverte de Boston à deux. À l'époque, ils y avaient emménagé, rencontré de nouveaux amis, bien obligés de tout créer pour se bâtir leur vie à deux. Aussi se disait-elle que si cela avait fonctionné une fois, pourquoi pas une seconde ? Leurs enfants étaient grands et habitaient ailleurs ; elle proposa donc à son mari de vendre la maison pour aller s'installer en Arizona. Ils y avaient passé d'excellentes vacances et, comme Hal pouvait exercer son métier où il voulait, rien ne les empêchait de déménager.

Au début, il trouva l'idée saugrenue. Il se trouvait très bien où il était et se disait trop vieux pour recommencer. Myra insista et, peu à peu, il considéra son point de vue. Ils vivaient la même vie depuis si longtemps qu'au fond, il n'y trouvait plus rien de mieux que leur fameux « pas mal ». En outre, il n'avait que cinquante-cinq ans et se disait qu'il lui restait encore une bonne trentaine d'années à vivre. Comment se contenter de les écouler dans un quotidien qui ne promettait rien de plus que d'être « pas mal » ? Finalement, il accepta de déménager.

Hal et Myra se sentirent de nouveau une âme d'enfant. Ils prirent un plaisir exquis à vider leur maison et retombèrent amoureux l'un de l'autre en rangeant tous les objets accumulés au cours des années. Ils remplirent leur voiture et traversèrent le pays à la recherche d'un nouveau nid, s'arrêtant au passage dans de nombreuses villes qu'ils n'avaient jamais pris le temps de visiter. Lorsqu'ils arrivèrent en Arizona et découvrirent leur nouvelle maison vide de tout souvenir, comme une page blanche, ils surent qu'ils avaient fait le bon choix.

Parfois, il faut bouleverser les choses pour en retrouver la saveur. Sans qu'il soit question d'aller toujours aussi loin que déménager à l'autre bout du pays, il existe mille façons de réinventer sa vie. Prenez ensemble des cours de cuisine exotique ou tâchez de vous trouver de nouveaux amis, inscrivez-vous à un cours de gymnastique, changez les meubles de la maison et choisissez à deux ceux qui vont remplacer les anciens, prenez l'habitude de partir ensemble au travail au lieu d'utiliser deux voitures, offrez-vous un voyage dans un pays où vous avez toujours rêvé d'aller, échangez une semaine durant vos fonctions dans la maison. Bref, essayez tout et n'importe quoi, il n'y a pas de limites à ce qu'on peut inventer pour repeindre les couleurs la vie.

Cocréation

La « cocréation » est l'œuvre de deux personnes qui utilisent leur créativité, leur énergie et leur enthousiasme pour apporter du nouveau à leur existence. Peu importe ce qu'ils créent pourvu que cela leur permette d'extérioriser le lien qui les unit. Le résultat peut être un enfant, une entreprise, une maison, un jardin, un événement, une œuvre d'art, un voyage – toute entreprise qui les encourage à unir leurs énergies et leurs ressources afin d'en tirer un résultat tangible.

La cocréation est la suprême expression d'un engagement, dans la mesure où elle vous aidera à construire votre avenir de concert. Si vous désirez que votre couple dure, il ne suffit pas de survoler une esquisse de vie à deux. Par exemple, Gillian et Marcus habitent des appartements séparés et possèdent chacun une voiture. Si l'un s'intéresse plus ou moins aux projets personnels de l'autre, ils ne jouent pas de rôle actif dans l'élaboration de nouveaux projets « à nous ». Certes, ce peut être un mode de vie parfaitement légitime et satisfaisant mais ils réduisent leurs chances de durer en omettant d'investir dans toute forme d'avenir à deux.

En revanche, lorsque Katherine et Bernard se sont installés ensemble, ils ont pris en toute connaissance de cause la décision de créer un véritable foyer plutôt que de simplement cohabiter. Cette opération les a rapprochés, leur a appris à coopérer, à négocier et à s'exprimer sans détours. Leur demeure est devenue un projet « à nous » et représente aujourd'hui un symbole de la nouvelle vie qu'ils se sont créée. Si ce domicile ne garantit évidemment pas qu'il vont rester ensemble, il renforce leur lien en conservant leur « nous » en action.

Dans le cadre d'une relation, les deux partenaires se doivent de joindre leurs forces pour accomplir un dessein qui les aide à construire leur vie à deux : foyer, enfants, portefeuille financier… Ces projets extériorisent – symbolisent – leur union. C'est en *continuant* de créer en tandem qu'ils verront progresser leur relation.

Le véritable processus de création revigore l'âme, pique l'imagination et vous emplit de sa vitalité. Il peut éveiller ce qu'il y a de magique en vous, élargir vos perspectives. Quel meilleure occasion d'expérimenter ce processus miraculeux qu'avec votre bien-aimé ?

Plantez un jardin ensemble, adoptez un chiot, choisissez tous les deux votre voiture, achetez une maison, organisez un voyage. Quoi que vous décidiez d'entreprendre, l'investissement en temps et en énergie ne cessera de vous rappeler votre entente et de rajeunir votre relation.

Le facteur d'effervescence

Du moment où vous entrez en relation avec votre bien-aimé, un flot d'adrénaline vous envahit. L'étincelle qui jaillit entre vous est ce que j'appelle « le facteur d'effervescence », quand les battements de votre cœur s'accélèrent, quand le sang vous monte à la tête, quand tous vos récepteurs se mettent en alerte. Cette intense sensation de vivre porte les noms d'attirance, d'amour et de passion. Elle est magnétique, hypnotique, on peut en devenir dépendant comme d'une drogue puissante.

Lorsqu'un couple s'est formé depuis de nombreuses années, l'effervescence se dissipe parfois. L'habitude, la prévisibilité et la routine peuvent créer une sensation de stabilité, de sécurité, de permanence mais sans plus provoquer d'étincelles. Avec le temps, vous risquez de trouver votre compagnon familier et confortable comme un bon vieux jean, mais il est rare qu'un vieux jean inspire de la passion. Alors que faire lorsque l'effervescence a disparu ?

À la recherche de l'effervescence

Certaines personnes disent :
– On est chaud ou on n'est pas chaud, ça ne se commande pas.

Comme si la fatalité devait s'en mêler, comme s'il n'y avait rien à tenter pour ou contre, ce qui reviendrait à faire dépendre le facteur d'effervescence du hasard. Ce n'est pourtant pas parce que les étincelles se font plus rares que le courant ne passe plus. C'est complètement ignorer que l'effervescence est un facteur interne – non une donnée externe indépendante de votre volonté. C'est à vous et à votre partenaire de rallumer la flamme.

Peut-être vous êtes-vous encroûtés, peut-être ne vous êtes-vous plus donné la peine depuis longtemps de vous faire beau, ou belle, pour votre partenaire ; à moins que les soucis et le train-train n'aient fini par tout envahir. On a vite fait de s'endormir sur ses lauriers, sans plus produire aucun effort pour conserver le piquant des premiers jours.

L'effervescence ne vient pas toute seule, pas plus qu'elle ne s'alimente de l'air du temps. Si vous avez déjà allumé un feu de camp, vous savez qu'il jaillit d'un bouquet d'étincelles mais qu'ensuite vous devez ajouter des brindilles et des bûches pour le voir grandir. S'il vient à trop diminuer, il vous faudra souffler sur les braises pour le faire repartir, c'est-à-dire ajouter de l'oxygène dont se nourrissent les flammes.

Il est rare que l'effervescence s'étouffe brusquement ; sa disparition ferait plutôt suite à un lent processus d'assoupissement, une subtile érosion du désir physique qui naguère électrifiait votre relation. Cette érosion sape l'énergie sexuelle et les couples finissent par passer des semaines, des mois sinon des années sans plus partager un moment de passion. Lorsque l'attirance sexuelle s'engourdit, c'est toute la partie physique de votre relation qui disparaît et certains partenaires pourraient bien aller voir ailleurs pour compenser. Les liaisons extraconjugales n'ont souvent pas d'autre cause que le manque d'intérêt de l'un des partenaires pour l'autre. Si personne ne ranime la flamme, elle aura vite fait de mourir.

Ranimer la flamme

Il n'est pas toujours facile de susciter une nouvelle flamme lorsque le feu s'est refroidi, mais ce n'est pas impossible. Si votre relation a besoin d'une étincelle, commencez par vous demander si vous êtes prêt à en arracher la responsabilité aux griffes du hasard et à faire ce qu'il faut pour ressusciter la magie. Sans doute le plus difficile de cette démarche sera-t-il de tirer votre relation de son malaise. Il peut être tentant de continuer à vous blottir dans votre état présent. Toutefois, s'il vous arrive d'évoquer quelques souvenirs vivifiants, si vous regrettez les émois de la passion, si vous éprouvez un *authentique* désir de ranimer la flamme, c'est que vous avez déjà parcouru la moitié du chemin.

La première étape consiste à remuer vos souvenirs pour revenir à l'époque où l'ambiance s'est mise à changer. Pouvez-vous situer à peu près le dernier moment où vous avez senti cette effervescence entre votre compagnon et vous ? Il vous faudra reconnaître dans votre corps et dans votre esprit la douceur de ce souvenir, revivre mentalement ces moments de passion afin de réveiller d'abord *en vous* cette effervescence. Tâchez d'évoquer les impressions que vous procurait cette magie, laissez-la vous envahir à nouveau, comme autrefois. L'étincelle du début n'est pas étouffée, elle s'est juste mise en veilleuse en attendant que vous l'attisiez à nouveau.

Une fois qu'elle revivra en vous, vous pourrez en embraser votre relation. Gardez à l'esprit la douceur des moments passés et tâchez de faire la jonction avec le vide du présent. Facile à dire, objecterez-vous, mais *comment ?* Comment combler ce gouffre ? En laissant la lueur qui vous habite rayonner jusqu'à votre partenaire afin de réveiller la flamme qui dort en lui.

Commencez par de petits pas, par exemple en lui proposant une soirée à deux – champagne, chandelles, musique douce – ou en lui suggérant une activité qui vous plaise à tous les deux. Vous pouvez louer un film romantique, lui faire un massage ou, tout simplement, soigner votre mise, vous parfumer régulièrement pour lui être plus agréable. En faisant un geste vers votre bien-aimé, vous l'incitez déjà à vous rejoindre à mi-chemin.

Si votre partenaire ne répond pas tout de suite, ne vous inquiétez pas ; vous l'avez sans doute juste surpris. Cela peut prendre un peu de temps, mais ce qu'il y a eu entre vous ne peut que revenir si vous persistez dans votre effort. Si un feu de camp est éteint, baissez-vous les bras en disant : « C'est fini, on oublie » ? Sûrement pas si vous avez froid. Vous allez chercher du bois et vous attisez votre feu jusqu'à ce que la flamme rejaillisse.

Ressusciter la magie

Après huit années passées ensemble, Emma et Tim s'étaient installés dans une confortable routine. Elle partait travailler cinq jours pas semaine, lui exerçait son métier à la maison le matin et s'occupait de leurs deux enfants l'après-midi. Ils préparaient le dîner à tour de rôle et passaient leurs soirées en famille, à jouer à des jeux, à lire des histoires ou à regarder des films. Une fois les enfants couchés, eux-mêmes étaient épuisés et s'endormaient sans prendre le temps de se retrouver l'un l'autre.

Les week-ends étaient réservés aux courses, au golf de Tim, au jardinage d'Emma, quand ils n'emmenaient pas les enfants à leurs différentes activités. S'ils disposaient d'un peu de temps le samedi soir, ils le passaient ensemble mais encore loin de l'autre – elle à lire dans son coin de lit ou au téléphone, lui à regarder la télévision. Si on le leur avait demandé, ils se seraient dits très heureux, quoique Emma sente vaguement qu'une partie vitale de leur relation s'était enterrée sous le fatras de leurs activités quotidiennes.

Un soir, alors qu'elle préparait le dîner, elle jeta un coup d'œil vers Tim – ou plutôt, elle le *regarda,* comme si c'était la première fois qu'elle le voyait. Elle se rappela soudain l'effet qu'il lui faisait au début de leur mariage, quand ils allaient danser dans une salle au dernier étage d'un grand hôtel. Elle n'avait pas oublié combien il sentait bon quand il l'attirait contre lui, le bonheur qu'elle éprouvait en se retrouvant dans ses bras, pour une valse. Tout d'un coup, leur fils cadet renversa son jus de fruits et la fit revenir sur terre, cependant, elle en garda un sourire en coin, bien décidée à mettre son plan en route.

Le lendemain, ce souvenir toujours présent dans son esprit, Emma proposa à Tim de faire venir une baby-sitter pour le samedi suivant et d'aller danser. Sur le moment, il parut très surpris et s'empressa de lui servir plusieurs empêchements majeurs : il y avait un match à la télévision, les baby-sitters coûtaient cher et il voulait se lever tôt le dimanche. Mais Emma insista doucement, rappelant à son mari qu'ils n'étaient pas sortis ensemble depuis trop longtemps. Alors il regarda sa femme, vit cette flamme qui dansait dans ses prunelles et comprit où elle voulait en venir. Il sourit et dit :

– C'est d'accord, ma chérie.

Emma et Tim s'habillèrent et allèrent danser. Même si cela ne leur était pas arrivé depuis longtemps, ils se remirent instantanément à ondoyer sur de la piste. Les yeux dans les yeux, ils comprirent que la magie était revenue.

Soigner les blessures

Il se peut qu'un jour votre partenaire vous déçoive, vous laisse tomber, vous blesse ou vous trahisse. Que faire ? Comment renouer le lien qui vous unissait alors que vous avez le cœur gros à cause de cette personne qui précisément avait juré de ne jamais vous faire souffrir ?

C'est dans ces moments-là qu'il faut trouver le courage et la force de renouer, de renouveler, de recommencer. Avant tout, vous devrez faire appel à votre aptitude au pardon, à l'oubli, à votre désir de revenir en arrière. Ce peut être une démarche des plus difficile, si ce n'est la plus éprouvante de toute votre vie de couple, mais ce sera indispensable si vous tenez à poursuivre une relation authentique.

Guérir ces plaies dont vous êtes la cause

Même dans les relations les plus heureuses, le malentendu peut s'installer et votre compagnon se froisser. Déconvenues, espérances déçues, accords contrariés, rencontres manquées, ce sont des choses qui arrivent au cours d'une existence à deux ; bien que la plupart du temps involontaires, elles n'en causent pas moins d'amers sentiments. C'est la première chose à laquelle vous devez penser : inquiétez-vous de savoir si votre partenaire n'éprouve pas quelque rancœur à votre endroit.

Nous faisons de notre mieux mais, s'il nous arrive de commettre un impair – ce qui se produit forcément de temps à autre, nous sommes humains –, le désappointement s'installe. Selon que vous réagissez bien ou mal à ce moment, c'est toute l'authenticité de votre relation qui est en jeu.

Le mieux que vous puissiez faire est d'abord de reconnaître votre erreur. Si vous refusez de faire amende honorable, vous ajoutez l'insulte à l'injure en ne prodiguant pas à l'autre le respect qu'il mérite.

Francis et Katie étaient sortis dîner avec quelques amis quand la conversation s'orienta vers la cuisine. Katie avait toujours fait attention à sa ligne, aussi s'efforçait-elle de préparer des repas sains et légers. Dans la bonne humeur générale, Francis ne se rendit pas compte qu'il vexait sa compagne lorsqu'il se plaignit en plaisantant de ne plus avoir droit à aucun « bon petit plat » tant que Katie n'aurait pas perdu cinq kilos.

– Ce qui veut dire, ajouta-t-il avec un clin d'œil, que je ne suis pas près d'en profiter.

Katie ne savait plus où se mettre et un silence de plomb tomba sur l'assemblée. Francis était allé trop loin. Sur le chemin du retour, elle lui dit ce qu'elle avait sur le cœur. Aussitôt, il grimpa sur ses grands chevaux et, au lieu de s'excuser d'avoir froissé l'amour-propre de sa compagne, il répondit qu'elle prenait toujours tout au pied de la lettre. Si bien qu'elle n'en fut que plus contrariée : il ne pouvait même pas admettre qu'il l'avait vexée.

Outre reconnaître vos torts, il vous reste encore à présenter vos excuses à votre bien-aimé, ainsi que quelques explications honnêtes. Avec un rien d'empressement, les simples mots « Excuse-moi » peuvent faire beaucoup pour vous réconcilier.

Mais n'en dites rien si vous n'êtes pas sincère. Vous ne feriez qu'empirer les choses. « Excuse-moi » signifie que vous regrettez vraiment ce que vous avez fait et que vous ne recommencerez pas. Si vous ne le pensez pas, ne vous lancez pas dans d'inutiles platitudes, justifiez-vous ou trouvez autre chose qui vous sorte de cette impasse ; votre partenaire vous en sera certainement plus reconnaissant que de recevoir d'hypocrites excuses.

Le pardon

On dit que l'erreur est humaine et le pardon divin. Pour pardonner, il faut pouvoir s'élever au-dessus de ses sentiments négatifs afin de retrouver son chemin vers la source spirituelle de son être. Ce n'est pas facile, évidemment, mais indispensable dans le contexte de l'amour.

Il se peut que vous ou votre partenaire mettiez l'autre en colère ; vous êtes humains et, en tant que tels, nous avons tous des choses à apprendre. De votre façon de réagir dépendra la poursuite de votre relation, ni plus ni moins. À vous de voir s'il faut vous cramponner à votre fierté, quitte à entretenir le malentendu, ou en sortir en demandant pardon à votre partenaire. Seul le pardon renouera votre lien et assurera la régénérescence de votre relation.

Il n'existe pour ainsi dire rien de pire qu'une blessure infligée dans le contexte d'une relation amoureuse. Car celle-ci est censée reposer sur la confiance et le respect mutuels. Les émotions qui sous-tendent votre couple risquent d'exacerber toute blessure et de la rendre d'autant plus difficile à soigner.

Le processus du pardon face à l'offense a deux pôles : l'un est rationnel, le second émotionel. Vos pensées vous permettent d'envisager la situation, de relativiser les paramètres et les enjeux. Vos sentiments, en revanche, forment une masse intangible qui vous submerge. Sans doute éprouvez-vous de la colère, ou du chagrin ou de la déception, toujours est-il que ce sont là des réactions instinctives qui irradient tous vos sens.

Le processus de la pensée correspond à la façon dont vous traitez les faits dans votre esprit et tentez de comprendre ce qui a conduit votre partenaire à se comporter de la sorte. Il se peut que vous ayez besoin de lui demander de s'expliquer. Néanmoins, avant de pouvoir pardonner, l'esprit doit avoir la certitude que le coupable ne recommencera pas. Lorsque vous en êtes convaincu, vous avez déjà accompli la moitié du chemin.

Le pardon implique un processus de balance. À vous d'estimer si cela vaut la peine de garder une dent contre votre partenaire ou s'il ne vaut pas mieux passer l'éponge. À vous de voir si vous désirez opter pour le poids de la vertu contre celui de la colère. Si vous décidez qu'il n'est pas nécessaire de rester plus longtemps en colère ni de punir votre partenaire, vous aurez alors la possibilité de complètement débarrasser votre esprit de ce problème.

Les sentiments qui vous envahissent lorsqu'il vous faut pardonner une faute plus grave sont un peu plus délicats à déchiffrer dans la mesure où ils ne sont ni linéaires ni logiques. Si vous vous sentez déçu, abandonné ou blessé, vous devez laisser libre cours à vos sentiments en les éprouvant pleinement, en les exprimant et en les évacuant avant de vraiment guérir. Plus vous aurez à pardonner, plus il vous faudra de temps pour vous en remettre.

Le vrai pardon ne viendra que lorsque vous parviendrez à voir en votre partenaire un être humain capable de faiblesse au même titre que vous-même. À ce moment-là seulement vous entrerez dans le domaine du divin.

Il n'est pas facile de pardonner. Le vieil adage « le temps finit par guérir toutes les blessures » dit vrai mais seulement dans la mesure où vous opérez également un travail sur vous-même. Que la transgression soit mineure ou majeure, le temps ne suffira pas à réparer la fracture si vous ne vous employez pas de votre côté à chasser toute peine et toute colère.

Une petite leçon de pardon : Stu et Amelia

Stu passait une excellente journée. Il était en pleine rédaction d'un contrat, lorsque Amelia téléphona. Elle n'allait pas bien du tout et s'en prit à lui avec une telle hargne que la belle humeur de Stu s'envola d'un coup.

Il raccrocha, furieux qu'elle soit si vite parvenue à le déprimer, d'autant qu'elle savait très bien qu'il venait de traverser des moments difficiles et n'aspirait qu'à reprendre son rythme de travail. Était-elle à ce point insensible à ses besoins ? Il le lui dit le soir même. Tous deux se disputèrent un peu et Amelia finit par s'excuser avant d'assurer à son compagnon qu'elle n'avait jamais eu l'intention de gâcher sa journée.

Pour que Stu passe de la colère au pardon, il devait comprendre pourquoi Amelia avait agi de la sorte. Elle lui expliqua qu'elle avait parlé sans réfléchir et promit de tourner sept fois sa langue dans sa bouche avant de lui retéléphoner au bureau, même si elle était de mauvaise humeur. Peu à peu, il comprit comment elle en était arrivée là : au fond, il ne s'agissait que d'un incident mineur, elle n'avait jamais eu l'intention de le blesser. Dès lors, il put lui répondre que ce n'était « pas grave », lui pardonna et la vie repartit comme si de rien n'était.

Une grande leçon de pardon : Wally et Amber

Wally, un comédien comique reconnu, était la star des soirées où on l'invitait. Tout le monde l'adorait pour son sens de l'humour. Amber, quant à elle, était plus calme et introvertie. Malgré ces différences de personnalité, il était attiré par le tempérament mystérieux de la jeune femme et elle appréciait cette capacité qu'il avait de la faire rire. Le déclic fut presque instantané et leur relation prit vite un tour sérieux.

Un soir, alors que tous deux étaient invités chez des amis, Amber aperçut une voluptueuse rousse prendre Wally par le cou et se blottir contre lui. Ils se trouvaient alors à l'autre bout de la pièce mais elle vit bien qu'il semblait connaître l'imprudente et ne résister que mollement à ses avances. Amber fut d'abord choquée puis carrément écœurée quand elle comprit ce que cela pouvait signifier. Refusant de provoquer un esclandre, elle s'approcha doucement de Wally et dit :

– Je pars. Si tu veux venir avec moi, c'est le moment.

Surpris, il vit immédiatement qu'elle ne plaisantait pas et s'avisa qu'il ferait mieux de la suivre.

Amber ne desserra pas les lèvres jusqu'à l'immeuble de Wally. Puis l'orage éclata. Il s'avéra que Wally avait rencontré la rousse au cours d'une tournée. À l'époque, l'aventure lui avait paru anodine et il n'avait jamais éprouvé le besoin d'en parler à Amber dans la mesure où il n'était sorti qu'une fois avec cette fille. Mais Amber se sentait trahie, déçue, rejetée de leur histoire d'amour. Elle ne pouvait croire qu'il ait osé se comporter ainsi et commençait à se demander comment elle avait pu lui faire confiance. Elle qui l'avait toujours pris pour un homme droit, se sentait tomber de haut.

Wally s'excusa abondamment, promettant de s'amender autant qu'il le faudrait pour regagner sa confiance. Il jura que c'était elle qu'il aimait et qu'il était bourrelé de remords de l'avoir ainsi déçue, que cela ne se reproduirait jamais. Il passa les semaines suivantes à s'efforcer de prouver combien il tenait à elle et combien il regrettait ce qu'il lui avait fait.

La balle était dans le camp d'Amber. Avant de pardonner à Wally, elle devait toucher le fond du puits. Elle endura toutes les émotions qui la traversaient afin de les ressentir dans leur ampleur. Elle s'extériorisa, pleura, ragea, exprima tous ses sentiments pour mieux les évacuer.

Pour mieux guérir, elle devait également réfléchir, se demander sincèrement si elle était prête ou non à pardonner à Wally. Finalement, elle en vint à constater qu'elle n'avait pas affaire à un monstre mais juste à un homme qui avait fait un faux pas. Elle en conclut qu'il valait la peine de passer l'éponge plutôt que de camper sur sa sainte colère et de les punir tous les deux.

Elle choisit le pardon, bien que cela n'ait pas été facile, et tendit la main à Wally afin que tous deux œuvrent à la reconstruction de leur couple.

Regagner la confiance perdue

La confiance forme la base de toute union authentique. Sans confiance, votre structure est bâtie sur des sables mouvants et votre relation aura vite fait de sombrer dans les profondeurs.

Une fois la confiance perdue, il s'agit de la regagner. Plus le temps passe, plus la blessure s'élargit, insidieuse et mortelle. Pour la réparer, il faudra faire preuve d'une véritable et profonde contrition, avec son corollaire, le pardon – toutes démarches plus ardues l'une que l'autre. N'importe qui peut se sentir humilié de devoir s'amender après avoir transgressé la loi du couple, d'un autre côté, il peut sembler à peu près impossible de pardonner quand on se sent trahi. Dures leçons que devront apprendre tous les couples désireux de vivre dans l'authenticité. Il n'y a pas moyen d'y échapper.

Si votre relation a été mise à l'épreuve par l'un de ces accrocs à la loyauté, et que vous en soyez responsable, il vous appartiendra de faire amende honorable afin de regagner la confiance de votre bien-aimé. Ce qui supposera d'abord de prendre des mesures infiniment plus radicales que d'habitude pour réparer le mal que vous avez causé.

Bobby n'osait même plus regarder sa femme dans les yeux lorsqu'il lui avoua qu'il avait perdu au jeu une grande partie de leurs économies. Elle était horrifiée et se sentait trahie par la désinvolture de Bobby face au bien-être de la famille. Bobby était dans un état épouvantable et, après avoir reconnu ses erreurs et s'être excusé du plus profond de lui-même, il décida de se corriger. Il commença par vendre sa chère vieille voiture et investit l'argent récupéré dans un fonds commun de placement. Il annula sa cotisation à son club de tennis et décida de passer ses week-ends à faire des heures supplémentaires. En outre, il s'inscrivit à des réunions des Joueurs Anonymes.

Finalement, Margie lui pardonna. Devant tous les efforts qu'il produisait pour regagner sa confiance, elle en vint à vendre ses toiles de son côté pour augmenter leurs revenus. Lorsque Bobby vit qu'elle lui souriait de nouveau, il comprit que leur couple était sauvé.

Quel que soit le responsable de l'épreuve qui a secoué la relation, c'est à lui de réparer son erreur, de regagner la confiance de son partenaire. Quant à ce dernier, il devra envisager le pardon et ce sera lui, en fin de compte, qui déterminera si l'union est brisée ou rétablie.

Regagner la confiance de l'autre est un processus stimulant qui exige du temps, du dévouement et de la conviction. Cependant, aucun préjudice n'est irréparable pourvu que les deux partenaires soient décidés à se réconcilier, à se parler à cœur ouvert.

Rituels et cérémonies : comment se créer des souvenirs et les immortaliser

Quand vous ritualisez un événement, c'est que vous vous prenez au sérieux, vous et les circonstances les plus précieuses de votre vie. Cela revient à dire : « Voici un moment que nous voulons honorer et auquel nous désirons donner un sens spécial. » Le temps ne compte plus, vous créez des rites pour commémorer les grandes occasions et les anniversaires, vous vous fabriquez ainsi un album factuel retraçant les étapes de votre relation, que vous pourrez explorer avec votre partenaire.

Le but des cérémonies de mariage est de consacrer le lien entre deux partenaires et de créer un repère qui dise : « C'est ici que tout a commencé. » Chaque anniversaire doit ensuite remettre le couple en contact avec le souvenir du choix qu'il a fait de s'unir. Avec votre bien-aimé, vous pouvez en profiter, que vous soyez unis par les liens du mariage ou non, pour ritualiser et célébrer tous les moments importants de votre vie.

Les rituels sont menés avec soin, en prenant garde au moindre détail. Ils peuvent prendre la forme de réceptions, de cadeaux qu'on s'offre mutuellement, de bougies qu'on allume un peu partout. À la longue, vous pouvez aussi leur donner un sens plus spirituel, sous la forme d'une cérémonie religieuse. C'est à vous et à votre partenaire de créer ceux qui vous parleront le plus.

Par exemple, Jeff et Laura retournent chaque année au festival de films où ils se sont rencontrés, Alison et Matt partent skier tous les printemps parce qu'ils ont fait connaissance en montagne et que cela leur permet de réitérer leur amour de la nature, de prendre de l'exercice et de passer des soirées romantiques dans la neige. Johnny et Robin vont dans leur restaurant de sushis préféré pour évoquer leur rencontre au Japon quelques années auparavant. Ces trois couples ont trouvé le moyen de revisiter leur association initiale afin d'entretenir leur relation.

Le temps est éphémère. Le présent devient vite un souvenir. Vous ne pouvez changer le cours du temps mais vous pouvez vous fabriquer des souvenirs qui dureront toute votre existence. Vivez pleinement votre vie, créez-vous dès aujourd'hui des souvenirs et des rites afin de pouvoir les revisiter à l'avenir.

N'oubliez pas de fêter les choses les plus anodines comme les grands moments. Fêtez chaque jour le miracle de votre amour et créez de petits rites pour célébrer le courant qui passe entre vous : un baiser avant de vous endormir chaque soir, un toast que vous vous porterez l'un à l'autre, un petit mot de code qui signifie quelque chose connu de vous seuls. Commencez aujourd'hui et faites de chaque journée passée ensemble un renouvellement des promesses de votre amour.

« Ils vécurent heureux… » Ce n'est pas là un état figé. Les contes de fées voudraient nous faire croire que les amoureux pénètrent dans un état de perpétuelle passion et de félicité dès l'instant où ils se rencontrent. Je n'ai jamais vu aucun conte décrire la réalité du véritable amour – autrement dit qui évoque son constant besoin de renouvellement.

Il y a malheureusement tant de gens qui jettent aux orties leur relation une fois qu'elle a perdu son éclat initial ! Pourtant, telle une précieuse lampe ancienne, il ne lui faudrait guère qu'un peu d'entretien et d'efforts pour lui restituer tout son lustre. Vous risqueriez de commettre une lourde erreur en la délaissant au premier accroc, sans lui donner une chance de briller à nouveau. Tout comme cette lampe, l'éclat de votre relation peut au contraire augmenter avec les années pour un peu que vous lui accordiez régulièrement l'attention dont elle a besoin pour conserver son lustre. Une fois que vous aurez découvert sa beauté fondamentale, elle deviendra inestimable et vous apportera d'immenses joies au long des années à venir.

Règle n° 10

Vous oublierez tous ces principes à la seconde où vous tomberez amoureux

Toutes ces règles font déjà partie de vous et vous les connaissez intuitivement. La difficulté réside dans le fait de vous en souvenir lorsque vous serez frappé par le charme de l'amour.

Dans *Songe d'une nuit d'été*, Shakespeare met en scène une fée espiègle qui dépose le nectar de fleurs magiques sur les paupières d'humains endormis dans la forêt, faisant succomber ces pauvres mortels au charme de l'amour dès leur réveil et les entraînant dans des passions et des débordements insensés.

La vie réelle ne semble pas si différente. L'ivresse des premières ardeurs peut nous éblouir, et même nous aveugler. Notre cœur s'emplit de chaleur et de tendresse, l'allégresse coule dans nos veines, notre être entier se retrouve en proie à une extase puissante.

Nous nous sentons comme sur un nuage. L'air nous paraît plus pur, les fleurs plus parfumées, la nourriture plus savoureuse, les étoiles plus scintillantes. Nous éprouvons l'impression de voler ; nos problèmes revêtent tout à coup une importance bien relative et trouvent des solutions aisées. Chaque parcelle de notre corps vibre. Nous accueillons le matin avec un sourire. Nous vivons dans un état de grâce.

Si l'amour est un sentiment qui émane de la partie la plus primitive et la plus naturelle de notre personne, il en va tout autrement de la relation. Cette dernière se définit en effet comme un processus qui s'apprend. Elle permet aux sentiments de s'exprimer, de s'épanouir et de durer : c'est le vaisseau qui transporte notre précieuse cargaison d'amour sur l'océan du temps.

Les règles développées dans cet ouvrage et que nous connaissons de manière innée constituent le fondement d'un lien authentique. Le véritable défi consiste à se rappeler ces vérités universelles quand nous sommes pris dans le tourbillon de l'euphorie, car elles garantissent la réussite d'une union florissante et harmonieuse.

L'amnésie temporaire

Jusqu'à présent, vous adhérez sans doute à toutes ces règles. Mais prenez garde ! À l'instant où vous vous éprendrez de quelqu'un, vous oublierez pratiquement tout ce que vous savez. L'amour peut éclipser les schémas de pensée les plus logiques et raisonnables.

Quand Olivia rencontra Kevin, ce fut le coup de foudre. Cet homme charmant, spirituel et affectueux la couvrait de cadeaux, de compliments et de messages enflammés. Seule réserve : il habitait à trois mille kilomètres de sa fiancée.

Cette dernière n'hésita pas une seconde. Faisant fi des protestations et avertissements de son entourage, elle démissionna de son emploi, résilia son bail et s'installa dans la ville de son chéri, qu'elle connaissait seulement depuis trois mois. Tous deux croyaient que la force de leur amour compenserait les inconvénients causés par ce bouleversement. Hélas, au bout de quelques semaines, la réalité eut tôt fait de les rattraper et Olivia sortit de sa rêverie pour mesurer l'énormité de sa décision.

Le pouvoir de l'amour

Tel un élixir ou un aphrodisiaque, l'amour nous éloigne du quotidien et nous projette dans un univers fantasmatique. Il agit comme une drogue, provoquant un état de conscience altérée. De nombreux facteurs contribuent à ce résultat. En premier lieu, vous avez l'impression que quelqu'un se soucie vraiment de vous. Votre désir le plus profond d'être adoré et chéri se voit enfin comblé, ce qui peut masquer certains manques. Deuxièmement, l'autre concentre la majeure partie voire toute son attention sur vous, ce qui peut vous procurer une sensation jubilatoire. Troisièmement, comme dans un conte de fées, votre rêve se réalise. Le bonheur perpétuel semble à portée de main et cet espoir démesuré occulte la moindre perspective contrariante. Quatrièmement, votre système hormonal reçoit un signal et prend le dessus. Pour décrire ce phénomène de façon plus précise, le fait de tomber amoureux provoque une décharge de PEA (phényléthylamine), une substance présente notamment dans le chocolat, qui entraîne une sensation d'euphorie et de bien-être. L'énergie amoureuse est l'une des forces les plus puissantes dans l'univers et lorsqu'elle vous envahit, rien d'autre ne compte plus pour vous que de sentir le corps de votre bien-aimé contre le vôtre.

L'amnésie temporaire dans laquelle vous vous retrouvez plongé vous amène à faire abstraction de tous les principes fondamentaux qui président à la transformation du sentiment d'amour en une relation authentique. Soudain, vos perceptions sont déformées. Vous oubliez que vous devez vous aimer vous-même et vous vous dites : « Je reçois de l'autre tout ce dont j'ai besoin. » Vous croyez que vous et votre partenaire êtes différents et exceptionnels, que vous pouvez vous passer des étapes d'exploration, d'évaluation et de création de l'intimité. L'intensité de votre lien vous procure une sensation de solidité telle que vous vous sentez prêt à vous engager sur-le-champ. Vous pensez : « C'est le destin. Tout semble tellement parfait. » ou bien : « Notre histoire n'est pas comme les autres. Personne n'a jamais connu ça. »

Vous oubliez alors l'importance de communiquer, certain que votre couple est psychiquement en phase et que, dès lors, vous savez exactement ce que l'autre pense ou ressent sans nécessité de l'exprimer. Vous jugez la négociation inutile, puisque vous tombez d'accord si aisément. Vous imaginez que votre relation ne changera jamais et que votre flamme demeurera toujours intacte.

Quand vous êtes sous le coup de la passion, toutes ces impressions vous paraissent vraies. Cependant, une fois que cette brillance s'estompe, il est essentiel de vous rappeler les règles fondamentales pour créer une relation authentique. Seuls le temps et l'expérience vous permettront de vous rendre compte que ces croyances relevaient d'un moment en suspens, d'un éloignement passager de la réalité. Vous pourrez trouver un équilibre entre l'ivresse dans laquelle vous vous perdez et votre capacité à garder la raison.

Se souvenir des règles

Il faut savourer les émotions qu'éveille un nouvel amour, car elles font partie des plaisirs les plus extraordinaires de l'existence. Appréciez les prémices de votre idylle, car les souvenirs inhérents à cette période constitueront le terreau à partir duquel pourra s'épanouir une union durable. Cependant, dans le même temps, il est important de ne pas oublier les règles de base. Tâchez de les conserver à l'arrière-plan de votre conscience, de façon à de soulever par moments le voile de l'amnésie afin de ne pas prendre à tort les élans d'une passade pour un amour véritable.

Rappelez-vous ce que vous savez déjà. Le seul fait que ces principes ne semblent pas utiles ou pertinents durant cette phase de découverte ne les invalide pas pour autant. Ce n'est pas parce qu'un objet se trouve hors de notre champ de vision qu'il cesse d'exister. Si vous ne voyez plus la nécessité de ces règles, cela signifie simplement que vous n'êtes pas en mesure de la voir.

Il est alors important de reconnaître que vos sensations dans cette phase ne correspondent pas toujours aux circonstances objectives. On peut comparer cet état à une poussée de fièvre : toutes vos perceptions vous semblent justes, mais c'est uniquement en recouvrant votre état normal que vous pourrez distinguer ce qui relevait de la réalité ou du délire. De même, il faudra que la magie des premières ardeurs se dissipe un peu pour vous permettre d'y voir plus clair.

Remémorez-vous donc ces principes régulièrement, en particulier et même surtout lorsque vous les jugez inadéquats ou inadaptés à votre situation. C'est le seul moyen de vous assurer que cette relation, en cours de construction et destinée à abriter votre amour, sera authentique et durable.

Diverses réactions face à l'amour

Chaque individu réagit différemment face au pouvoir de l'amour. Les « cérébraux » constateront avec effarement que leur capacité de raisonner logiquement les a abandonnés et vivront comme sur un nuage. Les « affectifs » se sentiront tellement dépassés par leurs émotions qu'ils adopteront des comportements farfelus. Ceux qui se heurtent à un problème de territoire auront du mal à conserver leur identité au sein du couple. D'autres s'engouffreront corps et âme dans cette nouvelle relation, au point de perdre contact avec les repères qui leur permettaient de rester ancrés dans l'existence. L'amour est une force puissante, susceptible, comme le nectar de Shakespeare, d'ensorceler tous ceux qu'il touche.

Au pays des rêves

L'amour peut déstabiliser notre esprit en l'espace d'un instant. Pris dans l'ivresse du romantisme ou l'enthousiasme de la passion, les individus les plus intelligents perdent subitement la raison. Ils se mettent à écrire des poèmes ou dilapident leurs revenus en cadeaux exorbitants. Ils rêvassent à la fenêtre, fredonnent des chansons douces et se conduisent en adolescents. Ils s'abandonnent corps et âme à leur idylle, transportés par leurs émotions et sous l'emprise de leurs hormones.

Ce détachement peut les conduire à une forme de distraction totale. Plongés dans leurs fantasmes et leurs pensées exaltées, ils n'accordent plus aucune vigilance aux détails du quotidien. Lorsqu'elle tomba amoureuse, mon amie Kate traversa une phase durant laquelle elle oubliait d'éteindre les lumières, égarait ses clés, laissait son bain déborder et omettait de serrer son frein à main. Certains vont jusqu'à ne pas fermer le gaz ou même leur porte en sortant de chez eux.

L'allégresse d'un nouvel amour provoque ce genre d'état second et il convient de vous assurer que vous conservez suffisamment de discernement pour ne pas mettre en péril votre bien-être ou votre bonheur. Il vous faut garder un semblant de rationalité pour vous protéger de tout dommage potentiel, physique ou moral. Vous seul êtes responsable de votre cœur et de cotre corps et vous aurez parfois besoin de votre entendement pour vous guider et servir au mieux vos intérêts.

Quand les émotions vous submergent

Dès lors que vos pensées et vos agissements sont induits par la passion plutôt que par la sagesse, vous vous retrouvez quelque peu déséquilibré. Chez certains, les émotions jaillissent avec tant de violence qu'ils se surprennent à se comporter d'une manière qu'ils auraient jugée insensée en temps normal – d'où l'expression « être fou amoureux ». Dans le film *Mary à tout prix,* les hommes sont prêts à n'importe quoi pour approcher l'héroïne. L'un fait l'impossible pour obtenir l'une de ses chaussures, un autre prétend être livreur de pizzas, un troisième l'épie afin de découvrir sa conception du partenaire idéal et de devenir son « compagnon parfait ».

Sous l'effet de l'élixir de l'amour, vous pouvez éprouver un désir presque obsessionnel d'attirer l'attention de votre bien-aimé. Ce type de sensation compulsive se manifeste lorsque le flot émotionnel submerge votre raison. Vous avez alors une envie irrépressible de voir l'autre sur-le-champ ; il faut que vous respiriez son parfum, que vous entendiez sa voix, que vous sentiez sa présence. L'idée de vous trouver loin de lui ou d'elle, ne serait-ce qu'un instant, vous paraît insoutenable. L'autre devient pour vous une véritable drogue.

L'ardeur amoureuse procure un pot-pourri de cadeaux et de tourments. Un rythme cardiaque accéléré, une insomnie chronique, une incapacité à se concentrer, une angoisse poignante avant chaque rendez-vous constituent davantage les symptômes d'une maladie que des signes de béatitude. La passion peut se révéler tantôt douce tantôt violente, selon la manière de la vivre. Ces impressions de manque sont à la fois une bénédiction et un fardeau.

Au fil des siècles, poètes, artistes et auteurs-compositeurs ont créé des chefs-d'œuvre en s'inspirant de cette intensité affective. Si cette fièvre s'empare de vous, essayez de vous recentrer, de rester en contact avec les gens, lieux et rituels qui vous ancrent dans l'existence et de maintenir un équilibre entre votre raison et les appels de votre cœur.

Conserver votre identité

Il arrive fréquemment que les gens oublient momentanément la notion de « je » en s'engageant dans le domaine du « nous ». Il s'agit là d'une attitude prévisible lorsque vous et votre partenaire vous rejoignez dans votre bulle et consacrez toute votre énergie à vous entremêler. Vous passez la majeure partie de votre temps ensemble ou à penser l'un à l'autre. Et cette entière disponibilité mutuelle semble nécessaire à la création d'un « nous ».

La difficulté survient quand chacun d'entre vous a besoin de retrouver son « je » individuel afin de construire un « nous » plus riche. L'état de fusion devient vite hypnotique et vous ne souhaiterez peut-être pas en sortir. Pourtant, pour que votre couple grandisse, il vous faudra tous deux définir votre territoire et renforcer vos « je » respectifs.

Rester centré

À l'université, Sophia avait fréquenté trois garçons, aux caractères, aux activités et aux styles très distincts. Jim faisait partie de l'équipe de rugby et occupait son temps libre avec ses copains à s'entraîner dans la salle de musculation. Doug quant à lui étudiait la littérature et préparait ses diplômes avec assiduité. Charlie adorait s'amuser et tenait le bar dans le pub du campus.

Selon le petit ami du moment, Sophia adoptait des habitudes et des comportements différents. Avec Jim, elle devint sportive et ne quittait plus le club de gym. Elle s'habillait en jogging et truffait ses propos d'expressions branchées. Avec Doug, elle portait des vêtements kaki et restait des heures à la bibliothèque. Avec Charlie, elle sortait tous les soirs pour danser et boire jusqu'à l'aube. Sa propre identité se métamorphosait à chaque nouvelle aventure.

Tel un caméléon, elle se calquait sur l'image de ses compagnons. Elle modifiait son système de valeurs pour correspondre au leur. De l'extérieur, il paraissait évident que Sophia recherchait désespérément leur approbation. Cependant, la cause majeure de cette incohérence résidait dans son incapacité à demeurer fidèle à sa véritable nature, indépendamment de ses relations.

Dans le cadre d'un « nous », la préservation de votre identité repose en effet sur cette aptitude à rester centré. Cela requiert de vous rappeler ce qui vous rend unique et vous permet de demeurer en phase avec votre propre chemin. Cela implique en permanence de vous poser la question : « Qui suis-je par rapport à toi ? » et d'y apporter une réponse claire. Car s'il est parfois utile voire souhaitable de vous montrer flexible, arrangeant et adaptable, c'est également votre responsabilité de ne pas vous laisser influencer à l'excès. En négligeant cette vigilance, vous risquez de vous perdre totalement de vue.

Sauvegarder vos repères

Vos repères sont les gens, les lieux, les critères qui vous relient à vous-même et à votre existence. Tout ce qui vous ramène à votre noyau dur, qu'il s'agisse d'un ami ou d'un parent, d'un environnement spécifique ou d'un rituel particulier vous ancre dans votre individualité. Ces éléments vous rappellent votre identité, vos choix et votre authentique nature.

Imaginez que vous vous réveilliez un matin totalement amnésique. Par où commenceriez-vous pour reconstituer le puzzle ? Comment parviendriez-vous à vous remémorer qui vous êtes, ce que vous faites, ce que vous aimez, ce que vous voulez, ce qui compte le plus pour vous ? Il est fort probable que, dans cette situation, vous vous tourneriez vers vos repères fondamentaux – vos proches, vos objets fétiches, vos anciennes lettres, vos expériences sensorielles – dans l'espoir de faire rejaillir les souvenirs à votre conscience. Peut-être l'odeur de la vanille évoquerait-elle votre foyer et la sensation de sécurité que cet endroit vous procure. Peut-être une photo de vous en compagnie de votre conjoint vous rappellerait-elle des vacances à la mer. Peut-être une conversation avec un ami d'enfance vous reconnecterait-elle à vos véritables priorités.

En entretenant le lien avec vos repères, vous atténuez le phénomène d'« amnésie » provoqué par la passion. Dès lors, si vous perdez contact avec votre être profond, ces points d'appui vous renverront vers votre personnalité telle qu'elle était avant cette phase de fusion. Naturellement, vous connaîtrez des évolutions et des changements en vous intégrant dans un « nous ». Simplement, mieux vaut préférer la manière saine de s'engager dans ce processus à la façon malsaine. La première vous permet de progresser et d'inclure votre « je » au sein de ce grand « nous ». La seconde vous conduit à vous éloigner de votre chemin propre, à renoncer à votre « je » ainsi qu'à tous vos repères familiers.

Le danger de la perte de repères

Divorcée et âgée de quarante ans, Charlotte habitait dans l'Idaho. Sa famille possédait une entreprise prospère depuis des générations et elle-même jouissait d'une situation confortable. Lors d'un de ses voyages, elle rencontra un Grec du nom de Dimitri. Immédiatement, elle succomba au charme de cet homme d'affaires brillant et fortuné. Or, il s'agissait d'un individu très dominateur qui, au fil des mois, parvint à la convaincre qu'il détenait toutes les réponses et qu'elle devait l'écouter – lui et personne d'autre – pour le moindre de ses faits et gestes.

Elle était tellement éprise qu'elle en arriva à lui obéir au doigt et à l'œil. Il lui disait comment gérer son négoce, comment éduquer ses enfants, comment se coiffer. Finalement, elle ne décidait ni ne faisait rien sans son accord. Elle renonça à quantité de ses plaisirs personnels : l'opéra (Dimitri n'aimait pas la musique), l'équitation (Dimitri ne s'y intéressait pas) et les déjeuners entre copines (Dimitri les considérait comme une perte de temps). Si ses proches exprimaient leur inquiétude quant à son comportement et émettaient l'hypothèse que cet homme ne lui convenait peut-être pas, elle les rembarrait sèchement. Sa fusion avec Dimitri avait revêtu une telle ampleur qu'elle calquait ses pensées et ses opinions sur celles de son bien-aimé au point d'oublier celle qu'elle était avant lui.

Chaque fois que ses amis ou ses parents lui rappelaient la femme volontaire et indépendante qu'ils avaient jadis connue, elle répétait leurs propos à Dimitri. Celui-ci répliquait alors qu'ils étaient jaloux. C'est ainsi qu'il finit par la persuader de se débarrasser de ces « mauvaises influences » et qu'elle coupa les ponts avec ses repères importants.

Une fois qu'il l'eut totalement isolée, il s'installa aux États-Unis et se fit embaucher dans l'affaire familiale. Charlotte tomba enceinte et crut que cette naissance allait marquer la fondation d'une famille heureuse. Mais deux ans plus tard, son conjoint avait ruiné l'entreprise. Il quitta sa compagne et leur enfant pour retourner en Grèce.

Charlotte mit des années à reconstruire sa vie. Hormis les dommages financiers, elle devait réparer les ruptures émotionnelles avec ses proches. Il lui fallait se pardonner son erreur, recouvrer son assurance intérieure et raviver son sens des responsabilités. Au bout de plusieurs années, elle put réfléchir à ce qui s'était passé et tirer les leçons de cette expérience.

Malheureusement, l'histoire de Charlotte n'a rien d'exceptionnel. Bien des individus font irruption dans l'existence d'autrui comme le loup dans la bergerie. Dès lors que vous oubliez votre talent inné, votre pouvoir, votre libre arbitre, vous vous attirez des ennuis. Vous devenez vulnérable aux personnes sans scrupule qui peuvent vous infliger des blessures émotionnelles très graves. En ignorant et en abandonnant vos repères, vous vous lancez à la dérive sur un vaisseau privé de radar, de bouées de sauvetage et de trousse de secours.

Tomber amoureux peut constituer l'un des moments les plus merveilleux et excitants de l'existence. Mais cela représente aussi une immense gageure, car ce vertige peut vous faire chavirer. Alors ne quittez pas des yeux vos balises, particulièrement si vous vous aventurez sur les eaux inconnues d'une nouvelle relation. Ainsi, vous resterez ancré à votre nature véritable et éviterez le naufrage émotionnel.

Garder le contact avec votre être profond

La clé pour ne pas perdre votre identité au beau milieu de la tempête passionnelle réside dans la Règle 1. En étant relié à votre essence et en continuant à vous apprécier et à vous honorer vous-même, vous vous dotez de la meilleure chance de construire une relation authentique à partir de cette extase insaisissable que procure l'amour.

Dès lors que vous vous aimez vous-même d'abord, vous n'êtes pas tenté de vous perdre dans la fusion avec autrui. Quand vous vous vivez comme une personne complète, vous ne vous éloignez pas de votre centre et vous reconnaissez aisément les signaux d'alerte. En conservant une définition claire de la façon dont vous souhaitez être traité, vous disposez de garde-fous pour vous maintenir sur le droit chemin. Si vous exigez une attitude respectueuse, attentionnée, bienveillante et intègre, le moindre comportement suspect vous apparaîtra comme une évidence. Lorsque vous vous acceptez comme vous êtes, vous identifierez facilement ceux qui ne manifestent pas la même attitude à votre égard. Entouré de repères fiables qui n'hésiteront pas à vous parler en toute franchise et solidement ancré dans votre être, vous ne vous retrouverez jamais engagé dans une relation qui vous met en péril. Et même si, au moment où votre cœur s'enflamme, vous oubliez toutes ces règles, vous pourrez toujours vous réveiller de votre rêve en vous rappelant qui vous êtes vraiment.

Les principes régissant les relations authentiques existent depuis la nuit des temps. Je ne les ai pas inventés. Je me suis limitée à les résumer et à vous les présenter afin de vous aider à vivre dans le bonheur et le bien-être. Vous les connaissez déjà au plus profond de vous-même. Le défi consiste seulement à vous les remémorer lorsque les fées vous jetteront de la poudre magique aux yeux et que vous succomberez au charme ensorcelant de l'amour.

Je vous souhaite d'aimer et d'être aimé de la façon la plus saine et la plus harmonieuse qui soit.

En conclusion

« Mieux vaut avoir aimé et perdu que ne jamais avoir aimé. »
Alfred Lord Tennyson

Au jeu de l'amour, il m'est arrivé de gagner et de perdre. J'ai appris à ouvrir mon cœur et à aimer de nouveau alors que je m'en croyais incapable. Je me sens privilégiée d'avoir connu l'amour authentique.

Le fonctionnement des relations ne m'a jamais été enseigné, ni chez moi ni à l'université. Je l'ai découvert à l'école de la vie. J'ai tiré les leçons de mes tâtonnements et de mes erreurs. J'ai vu mon cœur brisé et mes rêves réduits à néant et ces souffrances m'ont permis de grandir.

J'ai appris à tout reprendre de zéro. J'en suis venue à croire qu'en fondant l'amour que je désirais sur celui que je me portais à moi-même, j'attirerais la personne adéquate, mon âme sœur.

Dois-je invoquer le hasard, la persévérance ou la grâce ? Probablement les trois. Je nourrissais la conviction profonde que j'étais faite pour vivre en couple. Alors, j'ai rencontré plusieurs hommes jusqu'à trouver le bon partenaire. Dans le même temps, j'ai poursuivi mon travail intérieur afin d'être à même de le reconnaître quand il se manifesterait.

J'ai reçu comme une bénédiction du ciel l'apparition sur mon chemin de Michael, un homme assez solide pour être gentil et assez bienveillant pour être fort, prêt à guider comme à suivre, à travailler comme à jouer, à rire comme à parler sérieusement, à partager les joies comme les peines, et à me tenir la main au long de ce voyage dans l'existence.

Mon itinéraire s'est construit en aimant, en perdant l'amour, en tirant les conclusions de cette expérience et en aimant à nouveau. Je suis heureuse de vous ouvrir la clé de mon vécu et de le partager avec vous. Tout n'a certes pas été facile, mais le jeu en valait la chandelle.

Merci de vous joindre à moi sur la voie de l'amour authentique. Aimez-vous d'abord vous-même. Enrichissez-vous de tous les enseignements que la vie vous apportera. Chérissez votre bien-aimé et chaque moment que vous aurez la chance de passer ensemble.

Chérie Carter-Scott

Remerciements

Debra Goldstein, mon alter ego, a consacré toute son énergie à assurer la structure, la continuité, la cohérence et la fluidité de cet ouvrage.

Lauren Marino, mon éditrice, qui a cru en moi et en ce livre, m'a fait part de ses précieux conseils.

Lynn Stewart, ma sœur et associée depuis vingt-cinq ans, a été présente à chaque étape de ce parcours et a partagé avec moi ses souvenirs de nos ateliers passés, ses dossiers sur des centaines de couples, ses appréciations quant au texte et son expérience de conseillère matrimoniale. Elle m'a apporté un soutien sans faille.

Leah Nichols a dépensé sans compter son temps et son énergie à corriger les épreuves.

Bill Shinker a cru en moi, en ma vision des choses, en mon expérience et en la sagesse de mes écrits.

Bob Barnett et Jackie Davies, que je considère comme mes anges gardiens, méritent ma plus profonde gratitude.

Bill Milham et sœur Christine Bowman, mes chers amis, ont soigneusement relu ce manuscrit pour le rendre le meilleur possible. Je les remercie pour chacune de leurs suggestions avisées.

Judy Rossiter m'a aidée dans l'élaboration de cet ouvrage en prenant en charge mes ateliers de façon à me laisser la liberté d'écrire.

Michael Pomije, mon bien-aimé, mon âme sœur et mon conjoint, demeure mon fidèle compagnon dans cette expérience initiatique qu'est l'existence, qui nous procure un terrain parfait pour travailler à la construction d'une relation authentique.

Des remerciements tout particuliers à Steven Krasner pour son affection et son soutien.

Merci à tous les couples qui m'ont fait confiance, qui ont partagé avec moi leur histoire, leurs problèmes, leurs secrets, la dynamique et le fonctionnement de leur relation. Leur expérience m'a conduite à concevoir les idées que j'aimerais communiquer dans ce livre.

Enfin, à tous ces hommes et femmes qui m'ont montré le sens et la nature de l'authenticité, merci de m'avoir appris ce que sont une relation et un lien. Merci pour votre patience et vos enseignements au fil des ans. J'ai été une bonne élève et j'ai assimilé vos leçons du mieux possible, de manière à pouvoir les transmettre aujourd'hui à d'autres.

Table des matières

Préface	9
Avant-propos	11
Introduction	13
Règle n° 1 : S'aimer soi-même avant tout	19
Règle n° 2 : S'unir est un choix	39
Règle n° 3 : L'amour se construit au fil du temps	73
Règle n° 4 : Une relation offre de multiples occasions de progresser	103
Règle n° 5 : Communiquer est essentiel	131

Règle n° 6 : Négocier se révélera nécessaire 155

Règle n° 7 : Votre relation sera soumise à l'épreuve 177

**Règle n° 8 : Une union est comme une fleur : il faut
l'arroser pour qu'elle s'épanouisse** 197

Règle n° 9 : Se renouveler pour durer 227

**Règle n° 10 : Vous oublierez tous ces principes à la
seconde où vous tomberez amoureux(se)** 257

En conclusion 273

Remerciements 275

Composition : Compo-Méca s.a.r.l.
64990 Mouguerre

Imprimeur : Recto-Verso - 91150 Etampes
ISBN : 2-84098-824-0
Dépôt légal : juin 2002
LAF : 343A